Rico Dammann

Web 2.0-Werkzeuge im Innovationsprozess

GRIN - Verlag für akademische Texte

Der GRIN Verlag mit Sitz in München hat sich seit der Gründung im Jahr 1998 auf die Veröffentlichung akademischer Texte spezialisiert.

Die Verlagswebseite www.grin.com ist für Studenten, Hochschullehrer und andere Akademiker die ideale Plattform, ihre Fachtexte, Studienarbeiten, Abschlussarbeiten oder Dissertationen einem breiten Publikum zu präsentieren.

Dokument Nr. V158298 aus dem GRIN Verlagsprogramm

Rico Dammann

Web 2.0-Werkzeuge im Innovationsprozess

GRIN Verlag

Bibliografische Information der Deutschen Nationalbibliothek: Die Deutsche Bibliothek
verzeichnet diese Publikation in der Deutschen Nationalbibliografie; detaillierte bibliografische Daten sind im Internet über http://dnb.d-nb.de/ abrufbar.

1. Auflage 2010
Copyright © 2010 GRIN Verlag
http://www.grin.com/
Druck und Bindung: Books on Demand GmbH, Norderstedt Germany
ISBN 978-3-640-73778-9

UNIVERSITÄT LEIPZIG,
LEHRSTUHL FÜR INNOVATIONSMANAGEMENT UND INNOVATIONSÖKONOMIE

Web 2.0-Werkzeuge im Innovationsprozess

Diplomarbeit

von

Rico Dammann

Eingereicht am
12.08.2010
zum Erlangen des akademischen Titels
Diplomhandelslehrer

Inhaltsverzeichnis

Abbildungsverzeichnis III

Tabellenverzeichnis IV

Abkürzungsverzeichnis V

1 Einleitung 6

2 Untersuchungsdesign 8

   2.1 Phasen und Akteure im Innovationsprozess 8

      2.1.1 Beschreibung der relevanten Prozessphasen 9

      2.1.2 Initiierung von Innovationsprozessen 10

      2.1.3 Rollen im Innovationsprozess 13

   2.2 Web 2.0-Werkzeuge 16

      2.2.1 Idee und Technologie des Web 2.0 16

      2.2.2 Basistechnologien 17

      2.2.3 Weiterentwicklungen 32

3 Untersuchung 39

   3.1 Kriterien zur Auswahl von Web 2.0-Werkzeugen 39

      3.1.1 Allgemeine Anforderungen an Werkzeuge 39

      3.1.2 Anforderungen in einzelnen Phasen 42

   3.2 Leistungsfähigkeit von einzelnen Werkzeugen 45

      3.2.1 Allgemeine Anforderungen 45

      3.2.2 Anforderungen in einzelnen Phasen 48

   3.3 Ergebnisverwertung 53

      3.3.1 Beschreibung des Grundaufbaus 53

3.3.2 Zusätzliche Funktionen   56

4 Fazit   58

Glossar   VI

Literaturverzeichnis   VII

Anhang   XII

  Microsoft Business Intelligence   XII

  Beispiel Empathic Design   XIII

  Webparts auf XING   XIV

  Tagcloud bei Amazon.de   XV

  Wolframalpha.com „What is the Capital of Germany?"   XVI

Abbildungsverzeichnis

Abbildung 1 Vorgänge in frühen Phasen des Innovationsprozesses nach (Herstatt & Verworn, 2007, S. 9) 10

Abbildung 2 Quellen für Innovative Ideen (eigene Darstellung) 13

Abbildung 3 Ontologie Picasso - Guernica (eigene Darstellung) 32

Abbildung 4 Quellen für Innovative Ideen (eigene Darstellung) 42

Abbildung 5 Bildschirmausschnitt Outlook Web Access (eigene Darstellung) XII

Abbildung 6 Webparts auf XING.de XIV

Abbildung 7 Tagcloud bei Amazon.de XV

Abbildung 8 Wolfram Alpha Semantische Suchmaschine (Wolfram Alpha LCC, 2010) XVI

Tabellenverzeichnis

Tabelle 1 Promotoren-Modell: Rollen und Besetzung (eigene Darstellung)....15

Tabelle 2 Media-Wiki Syntax Beispiele (eigene Darstellung).............................20

Abkürzungsverzeichnis

Abkürzung	Bedeutung
API	Application Programming Interface, Schnittstelle für die Anwendungsprogrammierung
BI	Business Intelligence
bzw.	beziehungsweise
CAD	Computer Aided Design, Computergestütztes (technisches) Zeichnen
F&E	Forschung und Entwicklung (als Unternehmensbestandteil)
NLP	Natural Language Processing, algorithmische Verarbeitung der natürlichen Sprachen
RSS	Really Simple Syndication
u. a.	unter anderem
z. B.	zum Beispiel
XP	Extreme Programming, Methode der Softwareentwicklung

1 Einleitung

Ein Großteil der neuen Werkzeuge zum gemeinsamen Arbeiten im Unternehmen, basieren auf den sogenannten Web 2.0-Technologien. Ob *ERP[1]*, *CRM[2]*, *CMS[3]* oder E-Mailserver: nahezu überall können die Nutzer in webbasierten Oberflächen benötigte Daten auswerten und eigene Daten ergänzen. Vor allem im privaten Umfeld werden Web 2.0-Werkzeuge viel genutzt und ermöglichen es, fast jede Information im Internet zu finden oder eigene Beiträge zu erstellen. Konsequenterweise, muss sich ein im Innovationsprozess eingesetztes Werkzeug, bis in den operativen Teil eines Unternehmens integrieren lassen. Alle beteiligen Personen, Gruppen oder ganze Abteilungen im Unternehmen, die sich mit Forschung und Entwicklung von Produkten beschäftigen, oder interne Systeme und Abläufe rationalisieren, müssen in ein solches System integriert werden. Jedoch stoßen sie oft an die Grenzen solcher Systeme, da ihre Arbeit in hohem Maße nicht-standardisiert, sondern vielmehr kreativer Natur ist. Die Standardisierung der Aufgaben lässt sich jedoch nur in sehr geringem Maße umsetzen, was den Einsatz von Softwareunterstützung erschwert.

In der vorliegenden Arbeit wird untersucht, ob und wie die neuen Web 2.0-Technologien die einzelnen Phasen des Innovationsprozesses unterstützen können. Das Innovationsmanagement beschäftigt sich mit der Organisation aller Aufgaben, die im Innovationsprozess vorkommen. Dies umfasst unter anderem die Phasen der Ideenfindung, der Ideenselektion und -bewertung,

---

1 ERP: Enterprise Resource Planning; System zur Planung und Verwaltung von Ressourcen. Prominentes Beispiel: SAP R3
2 CRM: Customer Relationship Management; System zur Erfassung und Überwachung von Kundenbeziehungen
3 CMS: Content Management System; Datenbankbasiertes System zur Verwaltung von Dokumenten und Inhalten. Es zeichnet sich häufig durch eine sehr flexible Bereitstellung der Daten über individuelle Ansichten aus.

der anschließenden Forschung & Entwicklung bis hin zur Umsetzung und (Markt-) Einführung des Produkts. Für diese Arbeit ist insbesondere der kreative, initiierende Teil des Innovationsprozesses interessant, da besonders hier Ideen gesammelt werden, die mittels der Web 2.0-Technologien für andere Personen verfügbar gemacht werden können.

Den Web 2.0-Technologien werden einfache Bedienung und vielseitige Einsatzmöglichkeiten nachgesagt. Insbesondere die Erfassung, Aufbereitung und Erweiterung von Wissen soll durch *Wiki, RSS* und Co. unterstützt werden können. Auf Grundlage dieser Annahme, soll in dieser Arbeit gezeigt werden, welche Werkzeuge für die Unterstützung des Innovationsmanagements geeignet sind.

Im ersten Teil der Arbeit werden die theoretischen Grundlagen des Innovationsmanagements kurz wiedergegeben, um anschließend einen vollständigen typischen Innovationsprozess zu beschreiben. Davon ausgehend werden die für diese Arbeit interessanten Phasen des Gesamtprozesses genauer beschrieben. In Punkt 2.2 werden dann einzelne Web 2.0-Technologien vorgestellt, die Potential zur Unterstützung des Innovationsprozesses bieten. Unter Punkt 3 werden die Technologien auf Ihre Eignung als Unterstützung für den Innovationsprozess untersucht. Dazu werden unter 3.1 Kriterien erarbeitet, die in einzelnen Phasen des Innovationsprozesses von einer unterstützenden Technologie erfüllt werden müssen. Diese Kriterien beziehen sich auf Funktionen, die ein unterstützendes Werkzeug erfüllen muss und auf die Handhabung des Werkzeugs. Unter Punkt 3.2 wird geprüft, welches der unter 2.2 vorgestellten Web 2.0-Werkzeuge die gestellten Kriterien erfüllt. In Punkt 3.3 wird ein System vorgestellt, in welches alle gewonnenen Erkenntnisse einfließen. Dieses, für den Innovationsprozess ideale System, ist eine Verbindung aus verschiedenen Web 2.0-Werkzeugen und erfüllt alle unter 3.1 erarbeiteten Kriterien.

Im Fazit werden die Erkenntnisse nochmals in Kurzform dargestellt. Dabei werden die Grenzen eines Web 2.0-basierten Innovationsmanagementsystems aufgezeigt. Außerdem werden offengebliebene Punkte genannt, die weiterer Untersuchung bedürfen.

Aus Gründen der besseren Lesbarkeit, wird in der Arbeit auf die gesonderte Ausformulierung der femininen und maskulinen Personen- und Personengruppenbezeichnung verzichtet. Stattdessen werden in der Regel nur die geschlechtsunspezifischen Bezeichnungen verwendet. Diese sind gleichbedeutend mit der weiblichen und der männlichen Entsprechung.

2 Untersuchungsdesign

2.1 Phasen und Akteure im Innovationsprozess

Die Bedeutung von Innovation für das Bestehen und die Weiterentwicklung von Unternehmen am Markt ist unbestritten. Einer Umfrage im Jahr 2004 zufolge, hat ein Großteil der Industrieunternehmen innerhalb der letzten drei Jahre neue Produkte eingeführt oder Produktionsprozesse verbessert. Die Unternehmen erhoffen sich daraus Wettbewerbsvorteile und damit verbunden zusätzlichen Umsatz und steigende Gewinne.

Innovationen führen jedoch nicht automatisch zum Erfolg. Abhängig von der Definition von *Misserfolg* weisen verschiedene Studien unterschiedliche, zum Teil sehr hohe Misserfolgsquoten bei der Umsetzung von Innovationen nach. Diese Erkenntnisse führen dazu, dass das Forschungsinteresse nunmehr auch auf den Einfluss verschiedener Faktoren auf den Erfolg von Innovationen gelenkt wurde.

Eine Richtung ist dabei die Untersuchung der sogenannten *frühen Phasen* des Innovationsprozesses oder auch *fuzzy front end*. Cornelius Herrstatt und Birgit Verworn verwenden in ihrem Kompendium, *Management der frühen Innovati-*

onsphasen mit verschiedenen wissenschaftlichen Beiträgen rund um dieses Thema, folgende Definition:

> *Die frühen Phasen des Innovationsmanagements umfassen alle Aktivitäten vom ersten Impuls bzw. einer sich ergebenden Gelegenheit für ein neues Produkt bzw. eine neue Dienstleistung bis zur Go-No-Go Entscheidung zur Umsetzung des Konzeptes und somit Aufnahme der eigentlichen Entwicklung des Produktes bzw. der Dienstleistung. (Verworn & Herrstatt, 2007, S. 8)*

Charakteristisch für diese Phase ist eine relativ lückenhafte, nicht-standardisierte Dokumentation von Fortschritten und Entscheidungen. Diese entwickelt sich erst in den folgenden Phasen. Weiterhin zeichnen sich frühe Phasen dadurch aus, dass es beim Management oft an Zeit und Interesse fehlt, sich mit den Anfängen von neuen Produkten zu beschäftigen. Auf Grund des fehlenden Interesses ist zwar ein relativ freies kreatives Arbeiten möglich, jedoch können Fehlentwicklungen erst relativ spät entdeckt werden. (Verworn & Herrstatt, 2007, S. 14)

Herrstatt und Verworn gehen von fünf Phasen im gesamten Innovationsprozess aus. Die ersten beiden Phasen *Ideengenerierung und -bewertung* und *Konzepterarbeitung, Produktplanung* werden dabei als *Frühe Phasen des Innovationsprozesses* identifiziert. Diese beschreiben eben die Tätigkeiten und Abläufe vor einer Entscheidung, dem *Go* oder *No-Go*.

In Anlehnung an Schachtners Produktplanungsprozess (Herstatt & Verworn, 2007, S. 10) können die beiden *Frühen Phasen* in weitere Subphasen differenziert werden. Von diesen Subphasen sind für diese Arbeit lediglich die ersten vier *Ideensammlung, Ideenbewertung, Ideenpriorisierung* und *Ideenauswahl* interessant. In Abbildung 1 ist dieser Absatz noch einmal graphisch zusammengefasst. Im oberen Teil finden sich die fünf Phasen nach Herstatt und Verworn.

Die beiden *frühen Phasen* sind grün akzentuiert und werden im unteren Teil in die von Schachtner identifizierten Subphasen aufgeteilt. Von diesen Subphasen sind wiederum nur die für diese Arbeit relevanten in grün akzentuiert.

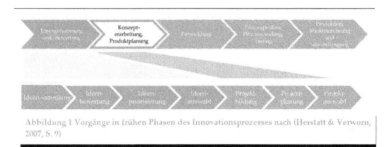

Abbildung 1 Vorgänge in frühen Phasen des Innovationsprozesses nach (Herstatt & Verworn, 2007, S. 9)

Innovationen entstehen fast immer aus einem Bedürfnis heraus. Dieses Bedürfnis, ein Problem mit einem bestehenden Produkt zu lösen oder einen Mangel mit Hilfe eines neuen Produktes oder einer Dienstleistung abzudecken, kann grundlegend von überall in das Unternehmen gelange. So könnten Mitarbeiter der *After-Sales-* bzw. Garantieabteilung auf Grund wiederkehrender Probleme und Defekte wertvolle Ideen für Produktverbesserungen liefern. Oder aber Produktentwickler könnten durch Zufall die Lösung für bestehende Probleme finden, welche bisher bei vollkommen anderen Produkten bestanden.

Eine andere Quelle von Ideen ist der Markt. Hierbei sind vor allem Kunden eine nahezu unerschöpfliche Quelle von Ideen. Im Idealfall kommen Kunden mit genauen Vorstellungen von neuen Produkten oder Dienstleistungen direkt auf die Unternehmen zu. Jedoch kann man sich nicht alleine auf direkte Aufträge verlassen, da Kunden ihre Wünsche oft nicht artikulieren können oder wollen. Um dem entgegenzuwirken, wurde eine Reihe von Methoden entwickelt, wie beispielsweise das *Empathic Design* oder die *Lead-User-Methode*.

Empathic Design kann bisher unbekannte Kundenbedürfnisse aufdecken. Oft entwickeln Softwareanwender ganz eigene Verfahrensweisen im Umgang mit den Programmen, als vom Entwickler vorgesehen. Da die Software am Ende jedoch das gewünschte Ergebnis lieferte, also effektiv war, erkennen Benutzer oft gar nicht, dass hier eine effizientere Lösung gefordert wäre. So kann alleine durch das Beobachten dieser eigenen Verfahrensweisen von den Produktentwicklern eine effektivere Gestaltung der nächsten Produktgeneration erreicht werden. (Lüthje, 2007, S. 46-47)

Ein Beispiel für dieses Vorgehen liefert *Microsofts Office 2007*. Bei der Entwicklung der *Office 2007* Suite wurden Nutzer beim Arbeiten mit den Vorgängerversionen bis *Office 2003* beobachtet. Dabei wurde festgestellt, dass die verwendeten Befehle eine Vielzahl von Klicks durch Menüs und Untermenüs verlangten, um den gewünschten Befehl zu finden. Das Ergebnis war die neue Oberfläche mit den sogenannten *Ribbons*, welche für die meisten Produkte in der *2007er* Suite umgesetzt wurde. Diese neue Oberfläche ermöglicht, den Großteil aller Befehle mit maximal zwei Klicks zu erreichen. Siehe auch im Anhang auf Seite XII.

Auch die *Lead-User-Methode* kann zum Aufdecken verborgener Kundenbedürfnisse beitragen. Hierbei arbeiten innovative Unternehmen mit Kunden, sogenannten *Lead-Usern*, zusammen. *Lead-User* verspüren schon frühzeitig Bedürfnisse, die sich später am Markt durchsetzen werden. In enger Zusammenarbeit können so Produkte entwickelt werden, die auch Bedürfnisse anderer Kunden am Markt befriedigen. Die *Lead-User* ziehen außerdem einen großen Nutzen aus dieser Weiter- bzw. Neuentwicklung von Produkten oder Dienstleistungen, da diese entsprechend ihren Vorgaben entwickelt werden. Der Vorteil für das innovative Unternehmen ergibt sich daraus, dass der *Lead-*

User das neue Produkt mit hoher Wahrscheinlichkeit auch nutzen wird und somit der Absatz gesichert ist. Außerdem kann mit dieser Methode vermieden werden, dass Innovationen am „*Markt vorbei*" entwickelt werden.

Abstrakter betrachtet, kann man die soeben beschrieben Methoden als Mittel zur Erfassung von direkten und indirekten Innovationsaufträgen verstehen. Bei der *Lead-User Methode* artikulieren die Kunden ihre Wünsche direkt gegenüber dem innovativen Unternehmen. Das *Empathic Design* unterstützt beim Aufdecken von Kundenwünschen, die nicht direkt artikuliert wurden (indirekt). Neben der Art der Artikulation des Anreizes zur Innovation kann man auch nach der Dimension der Herkunft des Anreizes unterscheiden. Sowohl bei *Empathic Design* als auch bei der *Lead-User Methode* kommt der Anreiz von außen, da in beiden Fällen Anwender bzw. Kunden zeigen, was sie benötigen. Es gibt jedoch auch Anreize aus dem Inneren des innovativen Unternehmens. So könnten Mitarbeiter der Garantieabteilung Daten über auftretende Fehler sammeln und bereitstellen. Sofern darin ein Muster erkannt und daraufhin eine Fehlerursache identifiziert werden kann, ist dies ein direkter innerer Anreiz zur Innovation. Mitarbeiter könnten aber auch bestehende Lösungen verbessern oder gar gänzlich neu gestalten, weil bestimmte Funktionalitäten gefehlt haben. Diese Innovationen haben dann einen indirekten inneren Anreiz. Nicht zu vergessen ist die Marktbeobachtung. Wenn ein Konkurrent ein neues Produkt auf den Markt gebracht hat oder eine neue Technologie einsetzt, kann auch dies als Anreiz für eigene Neu- oder Weiterentwicklungen verstanden werden. Dies ist entsprechend als indirekter äußerer Anreiz zu verstehen.

In folgender Abbildung sind die beschriebenen Auslöser von Innovationen noch einmal zusammengefasst.

Garantiefälle/Wartung	Garantiefälle/Wartung
→Erfassung & Auswertung von Fehlercodes	→Erfassung von auftretenden Fehlern
→Auftrag zur Lösung eines auftretenden spezifischen Problems	→Beschreibung von bekannten Problemen und evtl. deren Einzellösung
Aufträge von Kunden	**Nutzerfeedback**
→Lead-User-Methode	→ Empathic Design
→Auftrag zur Lösung eines spezifischen Problems	→Nutzer tauschen sich öffentlich über Probleme aus
→Spezialaufträge von Kunden	→Konkurrenten verbessern ihr Produkt

Abhängig vom Blickwinkel auf den Innovationsprozess, lassen sich verschiedene Rollen identifizieren. Einen Blickwinkel bietet das im amerikanischen Raum verbreitete *Champion-Modell*, bei dem eine Person – *der Champion* - als treibende Kraft die Innovation voranbringt. In der Literatur finden sich diverse Definitionsversuche für die Rolle des *Champion*. D.A. Schon definierte 1963 den *Champion* als *„einen Mann [RD: eine Person], der bereit ist, sich für eine Idee von zweifelhaftem Erfolg einzusetzen. Er ist bereit zu versagen. Aber er ist in der Lage, alles daran zu setzten um am Ende erfolgreich zu sei.n"*

Andere Autoren gehen von verschiedenen *Champion*-Rollen aus, die jedoch alle von derselben Person getragen werden können. *Champions* sind in der Regel Mitarbeiter im Unternehmen, die sich in der Hierarchie relativ frei bewegen können oder dies auf eigenes Risiko tun. Sie verfügen über ein ausgeprägtes formales und informales Netzwerk von Kontakten innerhalb und außerhalb des Unternehmens. Die Innovation wird im *Champion*-Modell von einem sogenannten *Innovator* umgesetzt. Dieser hatte die ursprüngliche Idee, ist jedoch aufgrund organisationaler bzw. institutioneller Regeln nicht in der Lage, die Idee weiter zu verfolgen und umzusetzen. Der *Champion* befreit den *Innovator* von diesen Limitationen und stellt sicher, dass er die Innovation umsetzen kann. Dazu stellt er benötigte Ressourcen bereit und überzeugt andere Mitarbeiter (formal und informal) davon, die Innovation zu unterstützen. (Gemünden & Hölzle, 2005, S. 460ff)

Es kann gesagt werden, dass der *Champion* im weitesten Sinne ein *Manager des Innovationsprozesses* ist. Er handelt aus eigener Überzeugung und ist bereit Misserfolge zu akzeptieren.

Einen anderen Blickwinkel bietet das *Promotoren-Modell*. Es basiert hautsächlich auf formalen Rollen in einem Unternehmen. *Jürgen Hauschild*, dessen *Promotorenmodell* in zahlreichen Artikeln der Fachliteratur zitiert wird, unterscheidet *Macht-*, *Fach-*, *Prozess-* und *Beziehungspromotoren*. Abhängig von ihrer hierarchischen Position im Unternehmen bringen diese ihre Kompetenzen ein und fördern somit den Erfolg des Prozesses. Den *Promotoren* einer Innovation stehen *Opponenten* gegenüber. Deren Intention besteht darin, die Innovation – wie sie bisher vorgesehen ist – zu verhindern. *Opponenten* müssen jedoch in zwei Lager unterschieden werden. Die *Destruktiven* lehnen das neue bzw. verbesserte Produkt oder Dienstleistung in Gänze ab und blockieren deren Erfolg. Die *konstruktiven Opponenten* lehnen die Innovation zum derzeitigen Stand zwar ab, begründen dies aber und helfen damit, das Produkt bzw. die Dienstleistung zu optimieren. Im Idealfall können die *konstruktiven Opponenten* am Ende als *Promotoren* gewonnen werden. Dieses Modell wird in zahlreichen Artikeln der Fachliteratur zitiert und weiterentwickelt. (Schrebel, et al., 2007, S. 113-119) (Hauschildt & Gemünden, 1999)

In folgender Tabelle findet sich eine eigene Darstellung der wichtigsten Rollen, wie sie in Hausschilds Promotorenmodell beschrieben werden.

Rolle	Häufige Besetzung
Machtpromotor	Abteilungsleiter, mittleres oder höheres Management
Fachpromotor	„normaler" Angestellter
Prozesspromotor	Mitarbeiter Stabstelle, mittleres Management
Beziehungspromotor/Gatekeeper	Externe Beteiligte
Destruktive Opponenten	Keine bestimmte Gruppe
Konstruktive Opponenten	Keine bestimmte Gruppe

Tabelle 1 Promotoren-Modell: Rollen und Besetzung (eigene Darstellung)

Für diese Arbeit bietet sich die Verwendung einer Mischung beider Modelle an. Aus dem *Promotoren-Modell* wird die Teilung in *Opponenten* und *Promotoren* verwendet. Insbesondere die *Opponenten* bilden eine interessante Gruppe. Für diese Arbeit wird der *Opponenten*-Begriff noch erweitert. *Opponenten* sind nicht nur die, die den derzeitigen Innovationstand ablehnen, sondern auch die, die ein Produkt in der aktuellen Version kritisieren. Im *Champion*-Modell werden *Opponenten* vollkommen vernachlässigt. Hausschilds Promotorenabgrenzung ist im Rahmen dieser Arbeit irrelevant, da in den frühen Phasen des Innovationsprozesses (noch) nicht alle Rollen auftreten. Wie bereits in 2.1 erwähnt, zeichnen sich frühe Phasen durch die Abwesenheit des Managements aus, welches in Hausschilds Modell die Rolle des *Machtpromotors* einnimmt. In der kreativen Anfangsphase können die Ideen von allen Seiten des Unternehmens eingebracht werden. Insbesondere hier passen jedoch die Annahmen des *Champion*-Modells, bei dem ein *Champion*, ohne Rücksicht auf seine formale Rolle, eine Idee vorantreibt.

Das Web 2.0, das so genannte „Mit-mach-Internet", entwickelte sich seit Ende der 1990er Jahre sehr schnell und wurde immer populärer. Vor dem Web 2.0 beschränkte sich das Veröffentlichen von Informationen im World Wide Web auf eine kleine Anzahl von Personen. Diese mussten in der Lage sein, mit speziellen Web-Design-Programmen und Programmiersprachen sowohl das Design, als auch die präsentierten Inhalte einer Website zu erstellen. Besucher von Websites konnten dann nur Inhalte abrufen, diese jedoch nicht nach eigenen Bedürfnissen manipulieren, ändern oder gar neu erstellen. Web 2.0 hingegen basiert auf der Idee, dass zwar der formale Aufbau einer Seite bereitgestellt wird, der Inhalt jedoch von jedem Nutzer erstellt und verändert werden kann. Diese Art von Arbeitsteilung führte dazu, dass Online-Enzyklopädien wie *Wikipedia.com* binnen kürzester Zeit zu riesigen Wissensportalen heranwachsen konnten. Weiterhin wurde in Bezug auf Informationsbereitstellung das *push*- zum *pull*-Prinzip umgekehrt. War es früher noch nötig, sich auf einzelnen Web-Sites für einen Newsletter zu registrieren, um aktuelle Informationen zugesendet (*push*) zu bekommen, ist es jetzt möglich, sich Informationen ganz einfach auf verschiedenste Geräte zu abonnieren (*pull*). Diese Umkehrung förderte eine vereinfachte Verbreitung von Informationen, da nunmehr Herausgeber von Information keine Datenbanken mit E-Mail-Adressen der Leser führen müssen, um daraus periodische *Updates* in Form von *E-Mail-Newsletter* versenden zu müssen. Zudem können die bereitgestellten Informationen nicht nur als E-Mail abgerufen werden, sondern sind auf einer Vielzahl von *On-* und *Offline-Feed-Readern*[4] lesbar. Ein weiterer wichtiger Aspekt des

---

4 *Feed-Reader* sind Software oder Geräte, die in der Lage sind, abgerufene RSS-Feeds darzustellen. Online-Feed-Reader speisen häufig personalisierte Startseiten von Suchmaschinen oder E-Mail-Accounts. Offline-Feed-Reader sind Mobiltelefone oder andere Geräte, die über eine Internetverbindung verfügen.

Web 2.0 ist die Vernetzung zu *Communities*[5]. So ist es möglich, mit vielen Menschen gleichzeitig Informationen und Erfahrungen auszutauschen und weltweit Kontakte zu pflegen.

Für die Wirtschaft bringen diese Technologien einige Vorteile. *Amazon.com* beispielsweise, lässt die gekauften Produkte von Kunden bewerten. So weiß ein potentieller Käufer schon vor dem Kauf, ob sich das Produkt für seine Zwecke eignet oder nicht. Damit erspart er sich und dem Lieferanten umständliche und kostenverursachende Kaufrückabwicklungen. Außerdem werden Artikel, zum Teil automatisch, zum Teil von Kunden, mit Schlagwörtern versehen. Diese Schlagwörter, sogenannte Tags, vereinfachen die Suche nach Produkten.

2.2.2 Basistechnologien

Ein Ziel der Arbeit ist die Bestimmung von Kriterien für Web 2.0-Werkzeuge. Im folgenden Abschnitt werden dazu ausgewählte Basistechnologien vorgestellt, die sich in den letzten Jahren weit verbreitet haben und damit etabliert sind. Auf diesen Ausführungen aufbauend werden im Abschnitt 2.2.3 neuere Werkzeuge vorgestellt, die sich dadurch auszeichnen, dass sie zwei und mehr der Basistechnologien in einem neuen Werkzeug vereinen.

---

5 Communities sind Gruppen von Nutzern, die die gleichen Interessen haben und/oder die gleiche Kommunikationsplattform nutzen.

Begriffsklärung und Entwicklung

Ein Wiki (hawaiisch für „schnell"), [...] ist ein Hypertext-System für Webseiten, dessen Inhalte von den Benutzern nicht nur gelesen, sondern auch online direkt im Browser geändert werden können. Diese Eigenschaft wird durch ein vereinfachtes Content-Management-System, die sogenannte Wiki-Software oder Wiki-Engine, bereitgestellt. Zum Bearbeiten der Inhalte wird meist eine einfach zu erlernende Auszeichnungssprache verwendet.

(Creative Commons Attribution/Share Alike, 2010)

Die Idee der Wiki-Technologie, welche dank ihres prominentesten Beispiels *Wikipedia.com* das wohl bekannteste Web 2.0-Werkzeug sein dürfte, geht schon auf die 1970er Jahre zurück. Der große Durchbruch für die Technologie gelang zwischen 1999 und 2005. Das US-Unternehmen *Bomis* startete mit dem *Nupedia-Projekt* eine erste öffentliche Enzyklopädie im Internet. Die Enzyklopädie wuchs jedoch nur langsam an, da jeder Eintrag einen langwierigen *Peer-Review*[6] durchlaufen musste. Eine Variante dieses Projekts, welche Ende 2000 unter der Domain *wikipedia.com* gestartet wurde, verlangte nicht mehr nach einem *Peer-Review* und wurde wahrscheinlich auch deswegen binnen kurzer Zeit von mehreren Millionen Autoren „gefüllt". Nach einer Reihe technischer Änderungen der Datenbank-Software entstand so das heute verfügbare Portal auf Basis der Software-Variante *Media-Wiki.* (Creative Commons Attribution/Share Alike, 2010)

Funktionsweise und Beispiel

Die Benutzeroberfläche eines Wikis ist webbasiert. Das heißt, sie ist über einen standardmäßigen Internetbrowser zu erreichen. Die Software selbst, im Fall

---

6 Bei einem Peer-Review überprüfen andere Autoren (sog. Peer) des Netzwerks einen Artikel. Erst nach der Überprüfung kann der Artikel online veröffentlicht werden.

von *Wikipedia* das *Media-Wiki*, ist auf einem Server im Hintergrund installiert. Jeder Nutzer, der zu der Seite Zugriff hat, kann über einfache Suchfunktionen Beiträge lesen. In diesen Artikeln sind weitere Artikel über Verlinkungen verbunden, sodass per Mausklick von einem Artikel direkt zum nächsten navigiert werden kann.

Soweit ähnelt ein *Wiki* einer normalen Web-Site, auf der Inhalte betrachtet oder gelesen werden können. Der Unterschied bei einem *Wiki* liegt nun darin, dass sich Nutzer an der Seite anmelden können, um vorhandene Beiträge zu verändern oder zu erweitern. Die Nutzer werden vom Informationskonsumenten zum Autor. Im Hintergrund werden über eine Versionierung alle Veränderungen an den Beiträgen erfasst und gespeichert. So ist jederzeit nachvollziehbar, wer welchen Beitrag wann verändert hat.

Auf Grund dieser Eigenschaft von *Wikis* ist es möglich, Beiträge kooperativ zu erstellen. Da jeder Nutzer sofort seine Änderungen einbringen kann, weisen Beiträge zu einem Sachverhalt zum einen oft ein breites Spektrum an Sichtweisen auf und beinhalten zum anderen eine Art „*kollektiver Wahrheit*".

Während normale Webseiten von speziellen Web-Design-Programmen erstellt werden müssen, verfügt ein Wiki über einen eingebauten webbasierten Editor. Mit dessen Hilfe werden die Artikel direkt auf der Webseite bearbeitet. Für die Formatierung von Text gibt es dazu einfache Befehle. So wird im *Media-Wiki* ein Wort durch Umklammern mit bestimmten Zeichen anders dargestellt.

Die folgende Tabelle zeigt einen kleinen Ausschnitt mit Beispielen.

Media-Wiki	Web-Ansicht	Formatierung
''Hilfe''	Hilfe	Fett
''Hilfe''	Hilfe	Kursiv
[[Hilfe]]	Hilfe	Verlinkung zum Beitrag mit dem Titel „Hilfe", Schriftfarbe blau
==Überschrift1==	Überschrift1	Überschrift erster Ebene
===Überschrift2===	Überschrift2	Überschrift zweiter Ebene

Tabelle 2 Media-Wiki Syntax Beispiele (eigene Darstellung)

Besondere Eigenschaften

Einfache Handhabung

Wiki-Portale bieten eine einfache Möglichkeit, Informationen für andere Nutzer bereitzustellen. Zudem können mittels einfacher Syntagmen (z.B. in *Media-Wiki* durch Einklammern eines Begriffs mit „[[" und „]]") Verlinkungen auf andere Beiträge gesetzt werden. So können Sachverhalte dargestellt werden, ohne dass komplexe Begriffserklärungen den Beitrag unterbrechen.

Indizierung mit RSS

Weiterhin können alle Beiträge mittels *RSS* (siehe 2.2.2.2) überwacht werden. Ein abonnierter *RSS-Feed* eines Artikels informiert über jede Veränderung im Versionsverlauf.

Begriffsklärung und Entwicklung

RSS is a Web content syndication format. Its name is an acronym for Really
Simple Syndication. RSS is a dialect of XML. All RSS files must conform to
the XML 1.0 specification, as published on the World Wide Web Consortium
(W3C) website. At the top level, a RSS document is a <rss> element, with a
mandatory attribute called version, that specifies the version of RSS that the
document conforms to. Subordinate to the <rss> element is a single <channel>
element, which contains information about the channel (metadata) and its
contents.

(RSS Advisory Board, 2009)

RSS ist also ein Programmierstandard, basierend auf der Programmiersprache
XML[7], der es erlaubt, Inhalte von Webseiten zu indizieren und über einen sogenannten *Channel* bereitzustellen. Genau wie *Newsletter*[8] können *RSS-Feeds*
individuell abonniert werden und ersparen den regelmäßigen Besuch der einzelnen Websites. Der Abonnent eines solchen Feeds erhält zeitnah aktualisier-
te Nachrichten eines *Blogs*[9] in komprimierter Form auf seinen *Feed-Reader*. Bei
weiterem Interesse für einen bestimmten Inhalt kann der Abonnent durch
einen *Link* weitere Informationen abrufen. (RSS Advisory Board, 2009),
(Grossnickle, Board, Pickens, & Bellmont, 2005, S. 2)

Im Jahre 1999 wurde das erste *RSS-Feed* von *Netscape* auf dem Nachrichtenportal *My Netscape Network* eingeführt. Hierzu wurden Inhalte in einem bestimmten Format aufbereitet, dem *RSS 0.90 Standard*. Dieser Standard basierte

---

7 XML: Extensible Markup Language, Programmiersprache für Webseiten und We-
banwendungen
8 Newsletter: werden regelmäßig per E-Mail an den Abonnenten verschickt und enthalten die neuesten Nachrichten vom Absender. Häufig für Werbezwecke genutzt.
9 Ein Blog ist eine Webseite, mit kurzen Beiträgen. Siehe auch 2.2.2.4 Blog

auf dem *Resource Description Framework (RDF)*, welches vorschreibt, wie Inhalte aufbereitet werden müssen, damit sie für Maschinen interpretierbar sind. Seit 2002 gibt es den auf *XML* basierenden Standard 2.0, der seitdem unter Aufsicht des *RSS Advisory Boards* weiterentwickelt wird.

Heute werden *RSS-Feeds* sowohl von *Blogs* und Nachrichtenseiten verbreitet, als auch von Multimediaanbietern, die ihre Inhalte über Feeds anbieten, sogenannte *Podcasts*. (RSS Advisory Board, 2009)

Funktionsweise und Beispiel

RSS-Feed tragen nicht die klassischen Eigenschaften von *Web 2.0*-Technologien im Sinne der Interaktivität. Vielmehr können sie als aufbauendes Werkzeug Anwendungen wie Blogs verstanden werden. Auf nahezu allen einschlägigen Blogs und Nachrichtenseiten wie *Tagesschau.de* und *wordpress.com* sind *Feeds* eingebettet, die durch das *RSS-Logo* (🔲) im *Web-Browser*[10] erkennbar gemacht werden. Mittels Klick kann der Feed abonniert werden, wodurch die Inhalte regelmäßig vom Server heruntergeladen und im *RSS-Feed-Reader* angezeigt werden.

Im Unterschied zum klassischen *E-Mail-Newsletter* werden hier die Informationen nicht vom Anbieter an eine E-Mail-Adresse gesendet (*Push*-Verfahren), sondern vom Abonnenten abgerufen (*Pull*-Verfahren). Zum einen bleibt der Leser dadurch anonym, zum anderen kann mit *RSS* jede kleinste Veränderung nachverfolgt werden, ohne das E-Mail-Postfach zu überfüllen. Da *RSS-Feeds* auf einem gemeinsamen Standard beruhen (derzeit *RSS 2.0.10*), sind Inhalte plattformunabhängig abrufbar. Dies führt auch dazu, dass sie mittlerweile auf vielen verschiedenen, auch mobilen, Endgeräten abgerufen werden können.

---

10 Web-Browser sind Programme zum Betrachten von Webseiten. Weit verbreitet sind der *Microsoft Internet Explorer* und *Mozilla Firefox*

Als *Feed-Reader* eignet sich nahezu jedes Gerät (z.B. *Apple iPhone*, IP-fähiges Festnetztelefon, Internetradioempfänger) und jede Software mit Internetschnittstelle (z.B. *Microsoft Outlook, Mozilla Firefox, iGoogle* Startseite).

Besondere Eigenschaften

Effiziente Aktualisierungsprüfung von Informationsquellen

Die *RSS*-Technologie kann besonders einfach und effektiv dazu genutzt werden, (neue) Informationen zu kanalisieren. Das Abonnieren eines *RSS-Feeds* erspart die regelmäßige manuelle Prüfung auf Aktualisierungen von vielen verschiedenen Informationsquellen. Stattdessen wird der Abonnent automatisch über die Änderungen informiert. So kann eine große Zahl von Informationsquellen, welche den Abonnenten interessante Daten bereitstellen, effizient überwacht und gefiltert werden.

Effiziente Zusammenfassung von Informationen

Web-Portale, welche *RSS* unterstützen, bieten damit ein starkes Werkzeug, um Inhalte auf diesen Seiten auf Aktualisierungen zu überwachen. Diese Funktionalität kann im Innovationsprozess für das Management genutzt werden. Technische Mitarbeiter können unternehmenseigene Informationsquellen; und Vorgesetzte die Dokumentation von Arbeitsschritten zusammengefasst überwachen.

Weite Verbreitung und Einbindung

RSS wird ist ein Web-Standard für die Indizierung, auf den viele Anwendungen zugreifen. Viele Websitebetreiber setzen daher auf diese Technologie, um ihre Seite für Suchmaschinen durchsuchbar zu machen und damit weit oben auf den Ergebnisseiten zu stehen.

Begriffsklärung und Entwicklung

Unter dem englisch-stämmigen Wort *Tag* sind Zusatzinformationen, also Metadaten, zu einem Objekt zu verstehen. Ähnlich dem Anbringen eines Preisschildes (price tag) an einen Gegenstand, können Zusatzinformationen an nahezu alle Objekte im Netz vergeben werden. Unter Verwendung dieser Metadaten können Inhalte oder Bilder für Maschinen interpretierbar gemacht werden. Damit ist eine effizientere Auswertung und Verwaltung von großen Datenmengen möglich. Eine Möglichkeit der visuellen Darstellung von *getaggten* Objekten sind *Tag-Clouds* (Begriffswolken). In *Tag-Clouds* wird eine bestimmte Anzahl von Schlagworten entsprechend der Häufigkeit ihres Auftretens unterschiedlich groß dargestellt. (Beispiel siehe Anhang Seite XIV)

Funktionsweise und Beispiel

Unter *Tagging* versteht man meistens das aktive *Verschlagworten* von Objekten mit *Tags*. In vielen Online-Kaufhäusern können die Kunden zu einzelnen Produkten Zusatzinformationen eingeben. Beispielsweise werden auf der Webseite von *Amazon.de* der Kamera *EOS 550d* die Tags *Canon, digitale Spiegelreflexkamera* und *dslr* zugeordnet. Auf Grund dieser Tags werden dem Kunden noch passendes Zubehör oder vergleichbare Konkurrenzprodukte empfohlen, die ebenfalls eines oder mehrerer dieser Tags innehaben. Dieser Webseitenbereich wird auf *Amazon.com* mit *Weitere mit "eos 550d" getaggte Produkte* überschieben. (Amazon.de, 2010)

Die eben beschriebenen *Tags* werden manuell und bewusst zugeordnet, wofür die Mithilfe von Nutzern erforderlich ist. Neben dieser ganz offensichtlichen Methode zum Sammeln von Metadaten gibt es eine nahezu unbegrenzte Anzahl von weiteren Methoden. Jedes Objekt befindet sich immer in Relation zu einem anderen Objekt. So wird bei Online-Versandhäusern der Kauf von Produkten je Kunde gespeichert. Daraus ist es wiederum möglich Produktempfehlungen für diesen und andere Kunden abzuleiten. Bei *Amazon.de* finden sich zu vielen Produkten weitere Produktlisten mit Titeln wie *Kunden, die diesen Artikel gekauft haben, kauften auch* oder *Wird oft zusammen gekauft*. Sogar das bloße Ansehen von Produkten wird erfasst und prozentual ausgewertet: *Was kaufen Kunden, nachdem sie diesen Artikel angesehen haben?* (Amazon.de, 2010)

Dank *Tags* ist es für Anwender einfacher geworden, das Gesuchte schnell zu finden. Online-Suchanbieter, die mit *getaggten* Datenquellen arbeiten, liefern auch dann passende Ergebnisse, wenn der Suchbegriff nicht vollständig oder falsch eingegeben wurde. Auch die Suche mit homonymen Begriffen kann mit Tags besser ausgewertet werden. Über den *Tag „Name"* kann eine Suchmaschine den *Sommer* als Jahreszeit von einer Person namens *Sommer* unterscheiden. Außerdem kann eine Suche mit sehr vielen Ergebnissen unter Verwendung von Tags einfach gefiltert werden.

Besondere Eigenschaften

Erstellen von Relationen zwischen Objekten

Mit Hilfe von Tags können Objekten unendlich viele Eigenschaften (Metadaten) zugewiesen werden. Diese Metadaten bieten die Möglichkeit, Bezüge zu anderen Objekten herzustellen. Eine Suchmaschine könnte für ein Bild ohne Metadaten wie *CDU, Politik, Angela Merkel* oder *Bundeskanzler* keinen Bezug des Fotos, auf dem Frau Merkel abgebildet ist, zu einem Zeitungsartikel aufbauen, der über die Parteivorsitzende verfasst und entsprechend mit Tags versehen wurde. Mit Metadaten kann dieses Bild jedoch auch bei einer Suche nach *Bundeskanzlern* neben Bildern von *Helmut Kohl* oder *Gerhard Schröder* als Ergebnis gefunden werden.

Bestimmte Auswertungs- und Analysealgorithmen können für getaggte Objekte weitere Objekte finden, die mit diesem Objekt in Beziehung stehen. *Tag-Clouds* bieten zudem die Möglichkeit, eine Gewichtung der zugeordneten *Tags* visuell darzustellen. Ein Foto von Frau Merkel wird wahrscheinlich von der Mehrzahl der Menschen mit den Tags *CDU* und *Politik* versehen. Tags wie *Brandenburg* und *Physik* würden wahrscheinlich von einer geringeren Anzahl vergeben werden. Eine *Tag-Cloud* würde entsprechend die Worte *CDU* und *Politik* erheblich größer darstellen als *Brandenburg* und *Physik*. Viele solcher *Tag-Clouds* sind so programmiert, dass beim Klicken auf einen Begriff andere Objekte gesucht werden, die ebenfalls diesen Begriff als *Tag* haben. Eine andere Anwendung ist, die *Cloud* als Filter für Suchergebnisse einzusetzen. Diese Variante wird ausführlicher in *Punkt 2.2.3.2* vorgestellt.

2.2.2.4 Blog

Begriffsklärung und Entwicklung

> *"Blog" is an abbreviated version of "weblog," which is a term used to describe web sites that maintain an ongoing chronicle of information. A blog features diary-type commentary and links to articles on other Web sites, usually presented as a list of entries in reverse chronological order. Blogs range from the personal to the political, and can focus on one narrow subject or a whole range of subjects.*

(WordPress.org, 2010)

Der Begriff *Blog* ist also eine Kurzform für *Weblog*, welches sich aus *Web* (gemeint ist das Internet) und *Log* (Eintrag in ein Tage-/Logbuch) zusammensetzt. In der Regel werden *Blogs* von einem Autor oder einer kleinen Autorengruppe mit Artikeln gefüllt. Die Leser des *Blogs* haben dann häufig die Möglichkeit einzelne Beiträge zu kommentieren, können jedoch keine eigenen Artikel verfassen.

Die Technologien von *Blog* und *Forum* werden heute als Web 2.0-Werkzeug gesehen, obwohl sie schon viel länger genutzt werden. In einem *Blog* wird fast immer der zeitliche Verlauf von etwas oder jemandem beschrieben. Technisch versierte Anwender haben schon in den 1990er Jahren mit *Reise-Blogs* die Daheimgebliebenen über aktuelle Geschehnisse informiert. Auch wissenschaftliche Untersuchungen wurden in *Blogs* dokumentiert, sodass die Kollegen weltweit jederzeit über die letzten Erkenntnisse informiert waren.

Diese Webseiten wurden jedoch fast ausschließlich von einem Autor betrieben. Die Leser konnten nur konsumieren und nicht öffentlich kommentieren oder gar antworten. Dies änderte sich mit den Blogs, wie sie heute zu finden sind. Fast immer können die eingestellten Artikel von den Lesern kommentiert werden. Bei den *Blogs* von *wordpress.org* werden die Kommentare standardmäßig ausgeblendet, sodass Artikel als ein Ganzes gelesen werden können. Über eine kleine Schaltfläche können dann Leserkommentare eingeblendet werden, die sich manchmal zu kontroversen Diskussionen entwickeln.

Funktionsweise und Beispiel

Moderne *Blogs* werden direkt auf der Web-Oberfläche geschrieben. Wie auch beim Wiki, ist hier der Editor für die Texte und Bilder bereits eingebaut und kann von fast jedem internetfähigen Computer ohne Installation genutzt werden. Dies vereinfacht das Veröffentlichen von Informationen im Internet erheblich, da auch mobile Endgeräte zum Lesen und Erstellen von Blogs genutzt werden können. In den vergangenen Jahren sind weitere Portale wie *flickr.com* und *twitter.com* dazugekommen. Auf diesen Portalen werden Informationen in hoher Frequenz ausgetauscht, sodass Abonnenten des persönlichen Nachrichtenkanals, welche in der Regel Freunde sind, jederzeit auf dem Laufenden bleiben.

Besondere Eigenschaften

Einfache Bedienbarkeit

Einträge auf Blogs werden direkt auf der Webseite erstellt. Der Online-Editor ist mit allen wichtigen Funktionen ausgestattet und kann ohne Vorkenntnisse bedient werden. Die Beiträge werden reverschronologisch im Blog aufgeführt, sodass der aktuellste Beitrag stets ganz oben steht.

Interaktionsmöglichkeit

Über die Kommentarfunktion von Blogs können Leser ihr Feedback an den Autor übermitteln. Auch diese Kommentare können mit einem Online-Editor erstellt werden.

Integrierbarkeit in vorhandene Textverarbeitungsprogramme

Neuere Textverarbeitungsprogramme wie *Microsoft Word 2007* und *2010* unterstützen die direkte Veröffentlichung von Beträgen auf bestimmte Blogs. So hat der Autor die Möglichkeit, bereits vorhandene Dokumente direkt bereitzustellen, ohne das Programm zu verlassen.

2.2.2.5 Forum

Begriffsklärung und Entwicklung

Der Begriff des Internetforums leitet sich vom lateinischen Begriff *Forum* für *Marktplatz* ab. Das historische *Forum* ist ein Platz des Austauschs von Gedanken und Ideen. Wie auch der *Blog*, ist das *Forum* eine Anwendung zum gemeinsamen Austausch von Informationen, noch lange bevor es dem Umfeld des Web 2.0 zugeordnet wurde. In den Anfängen des Internets gab es schon rein textbasierte Internetforen. Später wurden die Foren um die Möglichkeit des Dokumentenaustauschs ergänzt. Die modernen Programmiersprachen erlauben heute ein noch leichteres Erstellen von Beiträgen und eine bessere Verknüpfung von Beiträgen untereinander.

Funktionsweise und Beispiel

Bei der virtuellen Variante des Forums können die Benutzer, ähnlich dem *Blog*, Beiträge verfassen und auf andere Beiträge reagieren. Das Erstellen und Bearbeiten von Nachrichten erfolgt wie beim *Blog* mit einem Online-Texteditor. Im Unterschied zum *Blog* gibt es hier jedoch keine Unterscheidung zwischen Autoren von Beiträgen und Lesern, die lediglich mit Kommentaren auf die Beiträge reagieren können. Stattdessen wird jeder Beitrag gleich gewichtet. Ein weiterer Unterschied ist, dass in einem Forum viele Themen parallel diskutiert werden.

Foren werden für ganz unterschiedliche Zwecke eingesetzt. Mehrere Jahrgänge studierender Wirtschaftspädagogen der Universität Leipzig nutzen beispielsweise ein geschlossenes Forum auf *yahoo.com,* um Skripte, Präsentationen und weitere Unterlagen für die Seminare auszutauschen. Andere *Foren,* wie beispielsweise *autoextrem.de* oder *autoexperience.de,* werden dazu genutzt, sich über Technik oder Verkehrsrecht auszutauschen. Die Nutzer der Foren suchen Problemlösungen in bereits vorhandenen Artikeln oder erstellen neue Beiträge mit Fragen und Antworten rund um das Kfz. Dabei werden viele verschiedene Probleme ausführlich beschrieben, um anschließend von anderen Nutzern mit erprobten Lösungsvorschlägen beantwortet zu werden.

Untersuchungsdesign

Begriffsklärung und Entwicklung

> In the context of computer and information sciences, an **ontology** defines a
> set of representational primitives with which to model a domain of knowledge
> or discourse. The representational primitives are typically classes (or sets), at-
> tributes (or properties), and relationships (or relations among class members).
> The definitions of the representational primitives include information about
> their meaning and constraints on their logically consistent application. [...]
> ontologies are said to be at the "semantic" level, whereas database schema are
> models of data at the "logical" or "physical" level. Due to their independence
> from lower level data models, ontologies are used for integrating heterogene-
> ous databases, enabling interoperability among disparate systems, and specify-
> ing interfaces to independent, knowledge-based services. [...]

> (Gruber, 2009)

> The **Semantic Web** is the extension of the World Wide Web that enables peo-
> ple to share content beyond the boundaries of applications and websites. It has
> been described in rather different ways: as a utopic vision, as a web of data, or
> merely as a natural paradigm shift in our daily use of the Web.

(Institut für Angewandte Informatik und Formale Beschreibungsverfahren
(AIFB), Universität Karlsruhe (TH), 2009)

Ontologien beschreiben *Objektklassen* (classes), deren *Eigenschaften* (Properties)
und deren *Relationen* (Relations) zueinander. Mit diesen Beschreibungen können Objekte auf semantischer Ebene einander zugeordnet werden. Damit
kann die virtuelle Repräsentation von Wissen für Maschinen interpretierbar
gemacht werden. Die Idee des *Semantic Web* basiert auf dem Konzept der *Ontologie*. Aus Texten können weit mehr Information abgeleitet werden, wenn
deren Inhalt semantisch, das heißt auf der Ebene der Bedeutung, erfasst wur-

de. Konventionelle Recherchesysteme erfassen Informationen lediglich syntaktisch, das heißt auf der Ebene des geschriebenen Wortes. Informationen über Objekte, die mittels Pronomen oder Possessivpronomen gegeben werden, können jedoch bei einer rein syntaktischen Erfassung nicht erkannt werden. (Gruber, 2009) Folgendes Beispiel verdeutlicht die Bedeutung von semantischen Analysen:

Herr Maier hat ein neues Auto. Dieses hat er im Autohaus an der Ecke gekauft.

Eine syntaktische Analyse kann die Informationen des ersten Satzes einfach erkennen. Dem zweiten Satz, kann jedoch nicht entnommen werden, wer (*er*) etwas gekauft hat und was (*dieses*) gekauft wurde. Eine semantische Analyse hingegen kann mit Hilfe des ersten Satzes die Bedeutung von *er* und *dieses* im zweiten Satz erkennen.

Künftig könnten Internetsuchmaschinen, anstelle einer Auflistung von Fundstellen der Lösung auf eine Suchanfrage, direkt die gesuchte Antwort wiedergeben. (Gruber, 2009)

Funktionsweise und Beispiel

Der *Maler* namens *Pablo Picasso* hat das *Bild* mit dem Namen *Guernica* gemalt. Die Relationen dazu sind *Pablo Picasso* (Objekt) ist der *Name einer Person (Objektklasse)*. *Pablo Picasso* ist aber auch der *Name eines Künstlers* (Objektklasse). Als solcher *malte* (Relation) er das *Bild* (Objektklasse) *Guernica* (Objekt). Das Objekt *Guernica* ist zudem auch ein *Ort in Spanien* (Objektklasse). Für die Relation „*malt*" zwischen den Objektklassen *Name eines Künstlers* und *Bild* kann auch die Relation „*gemaltVon*" in die andere Richtung hergestellt werden. Darüber ist es möglich, vom Objekt *Guernica*, in der Bedeutung von *Bild* auf den *Künstler* der Eigenschaft *Pablo Picasso* zu schließen. Abbildung 3 verdeutlicht die Zusammenhänge nochmals.

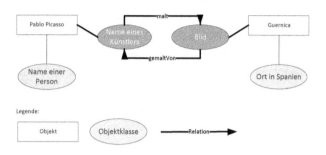

Abbildung 3 Ontologie Picasso - Guernica (eigene Darstellung)

Basierend auf *Ontologien* können semantische Programme zusätzliche Informationen mit vorhandenen verknüpfen und die Gesamtmenge an Informationen auf Konsistenz prüfen. Erste Anwendungen im wissenschaftlichen Bereich zeigen, wie zukünftige Suchanfragen im Web aussehen könnten. Die englischsprachige Suchmaschine *wolframalpha.com* gibt auf die Frage *„What is the Capital of Germany?"* die Antwort *„Berlin, Germany"*. Dazu werden noch weitere Informationen wie Lage, Population und aktuelle Ortszeit wiedergegeben. (Siehe Abbildung 8 Wolfram Alpha Semantische Suchmaschine im Anhang auf Seite XVI) (Wolfram Alpha LCC, 2010)

2.2.3 Weiterentwicklungen

In diesem Abschnitt werden drei Beispiele für die Weiterentwicklung von Web 2.0 vorgestellt, welche auf den soeben vorgestellten Technologien und Werkzeugen basieren. Die hier vorgestellten Anwendungen *Semantic Media-Wiki, Intelligente Nachrichtenverwaltung und Vorschlagssysteme* und *Dokumentenverwaltungssysteme und Business Intelligence mit Web 2.0-Eigenschaften* zeichnen sich dadurch aus, dass sie Funktionalitäten von verschiedenen Basistechnologien vereinen und so einen größeren Anwendungsnutzen aufweisen, als die Einzelwerkzeuge.

Semantic MediaWiki (SMW) is a free extension of MediaWiki [...] that helps to search, organise, tag, browse, evaluate, and share the wiki's content. While traditional wikis contain only text which computers can neither understand nor evaluate, SMW adds semantic annotations that let you easily publish Semantic Web content, and allow the wiki to function as a collaborative database.

(Semantic MediaWiki, 2010)

Semantic MediaWiki ist eine Ergänzung zum bekannten *MediaWiki* (siehe 2.2.2.1). Die Neuerung ist, dass Wiki-Beiträge, welche in Text oder Bild festgehalten werden, auch von Maschinen semantisch verarbeitet werden können. Dank semantischer Annotationen können Suchanfragen in einem Wiki-System besser durchgeführt werden. Auf der Webpräsenz von *Semantic MediaWiki* wird folgende Frage als Beispiel gegeben:

Welche sind die einhundert größten Städte auf der Welt, die einen weiblichen Bürgermeister haben?

In einem konventionellen Wiki sind die Informationen zwar alle vorhanden, jedoch gibt es keine Möglichkeit, nach diesen Informationen semantisch zu suchen. Stattdessen muss der Nutzer manuell in hunderten von Seiten über große Städte nach deren Bürgermeistern suchen, um herauszufinden, ob dieser weiblich ist. Nach solch einer manuellen Suche können die Ergebnisse zwar einfach auf einer neuen Wiki-Seite bereitgestellt werden, jedoch müssten alle Änderungen (personelle Besetzung des Bürgermeisteramtes und Ranking nach Stadtgröße) ständig manuell aktualisiert werden. (Semantic MediaWiki, 2010)

Das *Semantic MediWiki* kann eine solche Suche automatisiert ausführen und jederzeit aktuelle Ergebnisse liefern. In dem Beispiel würde das System folgende Informationen miteinander verknüpfen:

In dem Wiki-Eintrag zu einer Stadt erkennt das *Semantic Wiki* u.a. den *Stadtnamen*, die *Population*, den *Namen des Bürgermeisters* und das *Land* in dem die Stadt liegt. Der *Name des Bürgermeisters* wird als solcher erkannt (Objektklasse). Der Name selbst kann der Objektklasse *Person* zugeordnet werden. Personen wiederum kann u.a. die Eigenschaft *Geschlecht* zugewiesen wurde.

Die obige Suchanfrage gibt folglich alle Einträge zurück, die Objekte vom Typ *Stadt* beschreiben. Diese werden nach Größe der *Population* sortiert und nach Bürgermeistern, die in der Eigenschaft *Geschlecht* die Ausprägung *weiblich* tragen, gefiltert. (Semantic MediaWiki, 2010)

Dieselben Informationen können jedoch auch für andere Suchabfragen genutzt werden. Denkbar wäre auch eine Übersicht über die prozentuale Verteilung nach Geschlecht des Bürgermeisteramtes in deutschen Städten. Diese Analyse kann in einem konventionellen Wiki wieder nur manuell erstellt werden.

Das von der *Ontos AG* entwickelte *NLP-Verfahren*[11] und die Infrastruktur zur Extraktion von semantischen Daten aus natürlich-sprachigen Texten und deren Verwaltung dient als Basistechnologie für semantische Anwendungen. Die Technologie wird im Rahmen des *Semantic Web* über ein entsprechendes *HTTP-API* zur Verfügung gestellt und kann dadurch in semantischen Anwendungen eingesetzt werden. Das *Application Programming Interface (API)* stellt semantisch verwertbare Inhalte für die Anwendungen der Kunden von *Ontos* bereit. Dabei werden nicht-semantische Informationen aus verschiedenen Quellen abgerufen, von der *NLP-Infrastruktur* verarbeitet und als semantisch strukturierte Ergebnisse für andere Anwendungen, wie z.B. Nachrichtenportale, bereitgestellt. (Ontos AG, 2009)

Das derzeitige *API* kann semantische Daten aus englisch-, deutsch- und russischsprachigen Texten extrahieren und die Quelldaten unter anderem auch aus *RSS-Feeds* beziehen. Dabei kommt ein Verfahren zum Einsatz, das auf Grundlage von linguistischen Regeln der menschlichen Sprache die Semantik des Textes erkennen kann. Die Anwendung erkennt dabei unter anderem Namen von Personen oder Organisationen. Eine Schwierigkeit dabei ist, diese Regeln des *Natural Language Processing* (NLP) im Voraus zu definieren und zu programmieren. Um diesen Prozess zu unterstützen, gibt es zwei Hilfestellungen. Zum einen werden persönliche *Dictionarys* und *Ontologien* für die Inhaltserkennung eingebunden. In diesen *Dictionarys* werden *Namen* den Klassen *Person* oder *Unternehmen* zugeordnet. Außerdem können über die *Ontologien* Beziehungen zwischen *Personen* und/oder *Unternehmen* manuell eingegeben werden. Dies erleichtert die Zuordnungsarbeit für das *API*. Die zweite Hilfestellung ist die Datensammlung des Systems. Hier werden alle Relatio-

---

11 Natural Language Processing – algorithmische Verarbeitung der natürlichen Sprachen

nen, die aus anderen ausgewerteten Beiträgen gewonnen wurden, für die Inhaltserkennung bereitgestellt. (Ontos AG, 2009)

Das Ergebnis dieser *APIs* sind strukturierte semantische Daten, die in anderen Anwendungen verwendet werden können. Eine dieser Anwendungen ist ein automatisiertes Vorschlagssystem für die Redaktionsarbeit. Dieses Werkzeug unterstützt die Arbeit von Autoren, indem es schon während des Verfassens des Textes die mit dem Text semantisch in Verbindung stehenden Daten darstellt. So können weitere Informationen aus anderen Quellen in den Artikel eingebunden werden. (Zum Zeitpunkt der Recherche wurde die Veröffentlichung des APIs vorbereitet. Der vorherige Abschnitt basiert deswegen auf Informationen aus Gesprächen mit Mitarbeitern der Ontos AG)

Eine andere Anwendung der semantischen Daten ist ein intelligentes Nachrichtenportal. Das *Ontos API* liefert Daten, die die Informationen von diversen Quellen kumulieren. Die Anwendung ist in der Lage, diese Informationen zu filtern. So können mit nur einem Klick auf den Namen *Barak Obama* alle Beiträge angezeigt werden, die inhaltlich mit dem US Präsidenten in Verbindung stehen. Zum einfachen Filtern über mehr als ein Kriterium kann außerdem eine *Tag-Cloud* genutzt werden, welche Beiträge mittels Klick auf den *Tag* ein- oder ausblendet. (Ontos AG, 2010)

2.2.3.3 Dokumentenverwaltungssysteme und Business Intelligence mit Web 2.0-Eigenschaften

Die zuvor beschriebenen Technologien und Werkzeuge können eindeutig als Web 2.0-Werkzeuge identifiziert werden. Informationen werden auf Webseiten bedienerfreundlich bereitgestellt, und leistungsfähige Analysewerkzeuge helfen beim Finden der gesuchten Information. Dieses Konzept beeinflusst nun auch andere Anwendungen.

Microsoft veröffentlichte zusammen mit dem *Windows Server 2003* sein erstes webbasiertes Dokumentenmanagementsystem *SharePoint Services*. Dieses System erlaubte, Daten an einem zentralen Ort zu speichern, jedoch ohne auf die strukturellen Grenzen eines üblichen File-Servers[12]. Dokumente und Informationen wurden in Bibliotheken verwaltet und je nach Bedarf mit verschiedenen vordefinierten Ansichten bereitgestellt und ausgewertet. Bereits in der 2007er Version des *SharePoint Servers* bzw. den kleineren *SharePoint Services 3.0* waren Ansätze der heute üblichen Web 2.0-Funktionalitäten vorhanden. So gab es bereits ein Wiki, und die Benutzer konnten sich Ansichten auf Daten und Dokumente selber definieren. (Microsoft Corporation, 2009)

In Microsofts neuester Produktgeneration um *Windows 7, Windows Server 2008 R2, Office 2010, SharePoint 2010* und dem *Office Communication Server 2007 R2* hält das Konzept des Web 2.0 noch weiter Einzug. Diese Produkte werden zumeist im administrativen und operativen Bereich eines Unternehmens eingesetzt. Gerade in diesen Abteilungen ist es nötig, jederzeit schnell an die aktuellsten Stände von verschiedenen Informationen zu gelangen. Dies führt dazu, dass gewöhnliche Office-Dokumente (z.b. aus *Excel* oder *Word*) mit Metadaten (z.b. Projektnummer oder Produktgruppe) ergänzt werden, um anschließend im *SharePoint* abgelegt zu werden. Mit Hilfe dieser Daten können andere Mitarbeiter, über verschiedene Dokumentenbibliotheken hinweg, nach eben diesen Metadaten filtern, um beispielsweise alle Rechnungen zu einem Projekt auf einen Blick zu erhalten. Bei Bedarf kann auch eine Ansicht erstellt werden, die auf Basis solcher Dokumente Projektabrechnungen vornimmt, was Teil eines Business Intelligence Systems ist. (Microsoft, 2009)

SharePoint bietet das Verknüpfen von Metadaten - also *Tags* - und Objekten wie Dokumenten, Fotos und Dateien. In der aktuellsten Version *SharePoint Server 2010* geht *Microsoft* sogar noch einen Schritt weiter und bietet ein Tagging von Mitarbeitern. Dabei vergibt das System automatisch Tags an Mitar-

---

12 Ein File-Server ist ein konventionelles Speichersystem, bei dem Dateien in Ordnern und Verzeichnissen abgelegt werden.

beiter im Unternehmen, auf Basis ihrer eingestellten Objekte. So können *Tag-Clouds* für Mitarbeiter dargestellt werden, die besondere persönliche Fähigkeiten oder Interessengebiete gewichtet darstellen. Es ist möglich, unternehmensintern Experten zu einem bestimmten Thema zu finden. (Microsoft, 2009, S. 14)

Zudem können Teamarbeitsbereiche eingerichtet, Besprechungen direkt aus dem Portal über *Voice-over-IP-Telefonie*[13] abgehalten und Dokumente gleichzeitig bearbeitet werden. Über eine Verknüpfungsfunktion können alle Listen, Bibliotheken und Datenbanken mit *Outlook* verbunden werden, sodass die Nutzer jederzeit über Aktualisierungen informiert werden. All diese Funktionen können bei Bedarf standortübergreifend über sichere Interverbindungen miteinander vernetzt werden. (Microsoft, 2009) (Microsoft Corporation, 2009)

Bereits in der *2007er* Version des *SharePoint Servers* war es möglich, Excel-Dokumente mit den *Excel-Services* direkt im Browser zu bearbeiten. Mit der *2010er* Version kommen *Word*, *PowerPoint* und die Geschäftsanwendungen *Project* und *Visio* als sogenannte *WebApp* dazu. (Microsoft Corporation, 2009)

---

13 Voice-Over-IP-Telefonie ist eine Technologie, bei der Telefongespräche in Datenpaketen über das Internet transportiert werden. Diese Telefonate sind meist erheblich preisgünstiger als Telefonate über den herkömmlichen Telefonanschluss und bieten einen erweiterten Funktionsumfang wie Videobild und Sofortnachrichten.

Untersuchungsdesign

3 Untersuchung

Im vorherigen Abschnitt der Arbeit wurden die Grundlagen vorgestellt, auf denen die folgende Untersuchung basiert. Zuerst wurden die frühen Phasen und deren Charakteristika ausgearbeitet. Anschließend wurden ausgewählte Web 2.0-Technologien vorgestellt, die sich in den letzten Jahren weitgehend etabliert haben. In diesem Abschnitt werden Kriterien gesucht, die ein Werkzeug erfüllen muss, um die frühen Phasen des Innovationsprozesses zu unterstützen. Anschließend werden für jede Phase entsprechend der Kriterien aus 3.1 passende Web 2.0-Werkzeuge, oder einzelne Bestandteile davon, gesucht. Im dritten Punkt wird an einem Fallbeispiel gezeigt, wie ein idealisiertes Werkzeug aussehen muss, um alle Kriterien der frühen Prozessphasen zu erfüllen.

3.1 Kriterien zur Auswahl von Web 2.0-Werkzeugen

Im folgenden Abschnitt werden zu erfüllende Kriterien an Web 2.0-Werkzeuge gesucht. Dazu werden die unter 2.1 vorgestellten Erkenntnisse des Innovationsmanagements in den frühen Phasen herangezogen. Zuerst werden allgemein zu erfüllende Kriterien abgeleitet, anschließend weitere zu den in unter 2.1.1 vorgestellten frühen Phasen. Dabei fließen die Erkenntnisse zur Initiierung von Innovationsprozessen (Punkt 2.1.2) und die Erkenntnisse aus den beiden unter Punkt 2.1.3 vorgestellten Rollenmodellen ein. Damit der Lesefluss in den folgenden Punkten nicht unnötig gestört wird, sind die Kriterien *kursiv hervorgehoben* dargestellt.

3.1.1 Allgemeine Anforderungen an Werkzeuge

Die weltweit vernetzten Märkte und damit immer schneller verlaufender Produktlebenszyklen verstärken den Druck auf die Unternehmensbereiche, die sich mit Produktentwicklung beschäftigen. Immer kürzere Entwicklungsphasen erfordern eine stärkere Verknüpfung der Forschung und Entwicklung (F&E) und den operativen Geschäftsbereichen. Zudem ergeben verschiedene

Untersuchungen, dass „*75 bis 80% der Lebenszykluskosten in der Entwicklung eines Produktes verantwortet werden*" (Lührig, 2007, S. 136), aber gerade diese Phasen auf wenig Interesse des Managements stoßen (siehe Seite 9). Statt eines *Staffellaufs*, bei dem jede Aufgabe im Prozess nacheinander von einer Expertengruppe ausgeführt und übergeben wird, muss die Vorgehensweise vom *Rugbysport* adaptiert werden. Die Aufgabe wird im Team erledigt, wobei der Ball (symbolisch für die Aufgabe) im schnellen Wechsel hin und her gespielt wird. (Lührig, 2007)

Die nötige Interaktion kann über mehr Transparenz und einen stärkeren und direkten Informationsfluss zwischen den Unternehmensbereichen erreicht werden. Ein Kriterium muss also die *Verstärkung der Integration der Innovationsphase in die operativen Tätigkeiten* sein. Lühring beschreibt in einem Artikel die Notwendigkeit der Schnittstellen zwischen *Marketing*, *Produktion* und *F&E* (Lührig, 2007, S. 148). Vorhandene Datenbanken und Dokumentenverwaltungssysteme des operativen Geschäftsbereichs müssen für F&E zugänglich sein und von intelligenten Suchfunktionen nach Problemen oder Problemlösungen durchsucht werden können.

Zu dieser Verknüpfung von Unternehmensbereichen addiert sich die Notwendigkeit einer Aufweichung von Abteilungsgrenzen. Innovationen kommen nicht ausschließlich aus den Labors der F&E, sondern haben ihren Ursprung oftmals in vollkommen anderen Unternehmensbereichen. (siehe 2.1.2) Eine unterstützende Technologie muss also eine *einfache und intuitive Bedienbarkeit* aufweisen, um von allen Beteiligten ohne Schulungsaufwand verwendet werden zu können. Eine einfache Bedienung setzt außerdem voraus, dass bereits vorhandene Dokumente eingebunden werden können oder direkt im System erstellt und bearbeitet werden können. Deswegen muss das *Hochladen von Dokumenten* möglich sein. Während viele Nutzer Dokumente schnell und einfach in ein solches System einstellen können, wird gleichzeitig einem Grundproblem des Innovationsmanagements entgegengewirkt: Der lückenhaften Dokumentation. (siehe Seite 9)

Insbesondere im technischen Bereich wird oft mit CAD[14]-Zeichnungen gearbeitet, die nur mit speziellen Programmen erstellt werden können. Da aber alle Beteiligten mit dem System arbeiten sollen, muss es *ohne Installation von Zusatzsoftware* verwendet werden können. Stattdessen müssen alle notwendigen Editoren direkt im Werkzeug vorhanden sein.

Idealerweise beteiligen sich viele Nutzer an einem Innovationsmanagementsystem und erstellen Beiträge, laden Dokumente hoch und bearbeiten diese. Die relativ freien Handlungsspielräume bergen jedoch auch Risiken. Beiträge oder Dokumente könnten irrtümlich gelöscht werden, Nutzer könnten anonym Beiträge anderer manipulieren oder fremde Ideen als eigene vorstellen. Um dies zu vermeiden, muss ein solches System über eine Sicherheitsstruktur verfügen. Die Nutzung von *Nutzeridentifikation und Definition von Nutzerrechten* muss deswegen Bestandteil des Systems sein. So kann auch gewährleistet werden, dass die Daten aus den anderen operativen Systemen (siehe oben) Unbefugten nicht zugängig gemacht werden.

In einem System zur Erfassung von Ideen, müssen Änderungen nachverfolgt werden, sodass diese jederzeit identifiziert und gegebenenfalls revidiert werden können. Dies kann mit einer automatischen *Versionierung von Beiträgen und Dokumenten* erreicht werden. So ist es auch möglich, Einzelbeiträge von Mitarbeitern zu erkennen und die Daten in Anreiz- oder Belohnungssysteme zu speisen.

---

14 CAD: Computer Aided Design; Computer unterstütztes Zeichnen. Wird häufig für Konstruktionszeichnungen und Planzeichnungen verwendet.

3.1.2   Anforderungen in einzelnen Phasen

3.1.2.1   Ideensammlung

In Punkt 2.1.2 wurden die Auslöser von Innovativen Ideen beschrieben und klassifiziert und mit folgender Abbildung zusammengefasst:

	Direkter Auslöser	Indirekter Auslöser
Informeller Auslöser	**Garantiefälle/Wartung** →Erfassung & Auswertung von Fehlercodes →Auftrag zur Lösung eines auftretenden spezifischen Problems	**Garantiefälle/Wartung** →Erfassung von auftretenden Fehlern →Beschreibung von bekannten Problemen und evtl. deren Einzellösung
Laufende Beschreibung	**Aufträge von Kunden** →Lead-User-Methode →Auftrag zur Lösung eines spezifischen Problems →Spezialaufträge von Kunden	**Nutzerfeedback** → Empathic Design →Nutzer tauschen sich öffentlich über Probleme aus →Konkurrenten verbessern ihr Produkt

Abbildung 4 Quellen für innovative Ideen (eigene Darstellung)

Ein Innovationssystem muss demzufolge die *Erfassung von den Externen und Internen Quellen* unterstützen. Unter *externen Quellen* sind dabei alle Webseiten, Foren und Online-Plattformen zu verstehen, die Informationen über eigene und konkurrierende Produkte verbreiten. *Interne Quellen* sind unter anderem die Datenquellen aus den operativen Geschäftsbereichen, eigene Entwicklungsdatenbanken und das System selbst.

Des Weiteren müssen Analysewerkzeuge bereitgestellt werden, die die Informationen auswerten können. Aus der Vielzahl von Informationsquellen muss die *Identifikation von indirekten Forschungsaufträgen* möglich sein. Die Analyse muss quellenübergreifend zeigen, wenn Probleme auftauchen, sodass eine Lösung dafür gefunden werden kann.

Die eben abgeleiteten Kriterien basieren auf der Sammlung und Auswertung von Daten aus diversen Informationsquellen. Unberücksichtigt blieb bisher der *Spieltrieb* innovativer Mitarbeiter. Häufig ergeben sich brauchbare Anwendungen aus zufälligen Ideen und Entwicklungen. Um auch diese Ideen und Vorschläge verwerten zu können, muss ein System selbständig aus den Beschreibungen der Neuentwicklung erkennen, ob andere Beiträge mit ihm in Zusammenhang stehen. Dazu muss das System die *Bemerkbarkeit, Testerkennung* unterstützen.

3.1.2.2 Ideenbewertung

Nachdem die Ideen im System gesammelt wurden, muss entschieden werden, welche weiter verfolgt wird und welche vorerst verworfen wird. Dazu benötigen die Entscheider standardisierte und somit vergleichbare Informationen zu jedem Beitrag. Ein System muss die Möglichkeit bieten, *Vorschlagwerte Beiträge mit Pflichtangaben* zu definieren.

Die Möglichkeit zur *Bewertung der Idee durch andere* muss direkt im System implementiert werden. Dafür muss im System ein fester Prozess definierbar sein, der sowohl den Verantwortlichen informiert, als auch den Beitrag für die Dauer der Prüfung vor Änderungen schützt. Die Bewertung muss öffentlich erfolgen, damit derzeit unbrauchbare Ideen überarbeitet werden können, um zu einem späteren Zeitpunkt wieder aufgegriffen zu werden.

3.1.2.3 Ideenpräzisierung

In dieser Phase werden bereits bewertete Ideen erneut überarbeitet. Da die Bewertung von durch Mitarbeiter anderer, eventuell räumlich getrennter Abteilungen oder durch Vorgesetzte erfolgt, müssen die Anmerkungen und Kritikpunkte direkt im System vermerkt werden. Dazu muss das System *Feedback an den Beitrag knüpfen*.

Der Bearbeiter der Idee bekommt nach Abschluss des *Reviews* eine Information vom System. Nun kann er die Anmerkungen in seine Idee einbinden und somit verbessern. Gegebenenfalls kann der Beitrag dann erneut von anderen Bewertet werden. Um die Einarbeitung des gegebenen Feedbacks verfolgen zu können, müssen die Änderungen vom System aufgezeichnet werden. So ist auch im Nachhinein die *Weiterentwicklung erkennbar*.

In dieser Prozessstufe wird die *Go-No-Go-* oder auch *Go-Kill- Entscheidung* zur weiteren Ausarbeitung einer Idee getroffen. Unter Verwendung des Ansatzes *Stage-Gate-Prozess* von Cooper et al, ist das Ende der Konzeptionsphase das erste zu passierende *Gate*. Hier wird entschieden, ob eine Idee so weit gereift ist, dass sie im Innovationsprozess eine Stufe weiter zur Forschung und Entwicklung (F&E) gelangt, gänzlich verworfen wird oder zur erneuten Überarbeitung im Ideenpool landet. (Ernst, 2005, S. 251ff)

Spätestens hier wird das Interesse des Managements das erste Mal auf eine bestimmte Idee gelenkt, da in der Regel mit dieser Entscheidung Budgets für F&E vergeben werden. Dies setzt voraus, dass alle entscheidungsrelevanten Informationen bereitstehen. Bereits unter 3.1.2.2 wurde das Kriterium *Vorstrukturierte Beiträge mit Pflichtangaben* aufgestellt. Diese Pflichtangaben können hier die Informationen für das Management liefern.

Um aus der Vielzahl von Ideen mit den dazugehörigen Zusatzangaben eine Idee herausselektieren zu können, muss das System *Filtermöglichkeiten* bieten. Es muss mit einfachen Mitteln möglich sein, gesuchte Informationen gezielt zu finden. Dazu müssen die Filterkriterien sowohl einschließend als auch ausschließend auf den Ideenpool verwendet werden können. Zusätzlich muss das Management in der Lage sein, zu bewerten, inwiefern eine Idee einen Fortschritt für das Unternehmen bedeutet. Es muss also erkennen, wie relevant eine Innovation für den operativen Geschäftsbereich ist.

Nachdem die gesuchten Informationen über geschicktes Filtern gefunden wurden, müssen diese in einer übersichtlichen Form dargestellt werden. Die Beiträge dürfen nur die Informationen enthalten, die für die Entscheidung relevant sind. Bei der Konzentration von Informationen wird nur das Endresultat der gereiften Idee benötigt. Alle bis dahin erarbeiteten Änderungen müssen zwar verfügbar sein, jedoch nicht auf der Oberfläche der Bewertungsgrundlage.

3.2 Leistungsfähigkeit von einzelnen Werkzeugen

Im vorherigen Abschnitt wurden Kriterien ermittelt, die an ein unterstützendes System für die frühen Phasen des Innovationsprozesses gestellt werden müssen. In diesem Abschnitt wird geprüft, mit welche Werkzeugen, oder einzelnen Bestandteilen dieser, die Kriterien zufriedenstellend erfüllt werden können. Dabei wird auf die unter Punkt 2.2 vorgestellten Web 2.0-Anwendungen zurückgegriffen.

3.2.1 Allgemeine Anforderungen

Wie in 3.1.1 vorgestellt, gelten die unter diesem Punkt bearbeiteten Kriterien übergreifend für alle Phasen. Das Kriterium *Verstärkung der Integration der innovativen Phasen in die operativen Tätigkeiten* kann erfüllt werden, wenn die Daten aus den operativen Systemen für die Beteiligten des Innovationsprozesses bereitgestellt werden. Sofern im Unternehmen ein *Wiki* (2.2.2.1) vorhanden ist, muss dies auch als Datenquelle des Innovationsteams bereitstehen. Andere Systeme zur Erfassung und Verwaltung von geschäftlichen Vorfällen, wie sie unter 2.2.3.3 exemplarisch am System von *Microsoft* vorgestellt wurden, können ebenfalls eine wertvolle Quelle von *internen Auslösern* (2.1.2) von Ideen sein. Deswegen müssen auch die Daten daraus für das System nutzbar gemacht werden. Dabei muss jedoch beachtet werden, dass die Verwendung der Daten über entsprechende persönliche Zugriffsrechte eingeschränkt werden muss, um das interne Kontrollsystem und den Datenschutz aufrechterhalten zu können.

Die *einfache und intuitive Bedienbarkeit* des Systems wird fast als selbstverständliches Kriterium verstanden. Jedes neue System funktioniert jedoch nach eigenen Regeln, die nicht immer intuitiv zu erfassen sind. Die Web 2.0-Technologien zeichnen sich durch eine einfache Bedienung aus. Die Texteditoren in *Wiki* (2.2.2.1), *Blog* (2.2.2.4) und *Forum* (2.2.2.5) sind ansprechend und sofort verständlich.

Das *Wiki* jedoch arbeitet mit einer eigenen Syntax. Diese ist zwar einfach (z.B. „[[…]]" für Verlinkungen), muss allerdings vorher erlernt werden. Jedoch ist es gerade die Vernetzung von Informationen, die Navigation in den Anwendungen vereinfacht. Unter Punkt 2.2.3.1 wurde ein *Semantisches Wiki* vorgestellt, welches den Inhalt eines Eintrags erkennt und selbstständig in Zusammenhang stehende Beiträge ausfindig macht. Eine andere Möglichkeit, Verknüpfungen zwischen Beiträgen herzustellen, ist die Verwendung von *Tagging* (2.2.2.3). Mit Eingabe von Schlagwörtern oder deren Bestätigung durch Anklicken vorhandener Tags, können auf einfache Weise Zusatzinformationen gegeben werden, die eine Vernetzung der Daten ermöglicht.

Das Kriterium *Hochladen von Dokumenten* steht in engem Zusammenhang mit der einfachen Bedienbarkeit. Es soll jedem Mitarbeiter im Unternehmen möglich sein, seine Ideen in das System einstellen zu können. Oft ergeben sich die Ideen aus der täglichen Arbeit, sodass es schon Dokumente dazu gibt. Idealerweise liegen diese Dokumente in einem Managementsystem, wie es unter 2.2.3.3 beschrieben wurde. Dann ist es für das System möglich, auch diese Daten für den Innovationsprozess zu nutzen. Sofern das Dokument noch nicht in dem Dokumentenmanagementsystem vorhanden ist, kann es über das Innovationsmanagement System dorthin hochgeladen werden.

Ein weiteres Kriterium im Umfeld der einfachen Bedienbarkeit ist die Forderung, das System *ohne Installation von Zusatzsoftware* nutzen zu können. Dabei muss die Bearbeitung von Textbeiträgen, von Grafiken und Zeichnungen und von Dokumenten unterschieden werden.

Beiträge in Textform können mit Editoren, wie sie in *Wiki* (2.2.2.1), *Blog* (2.2.2.4) und *Forum* (2.2.2.5) vorhanden sind, erstellt und bearbeitet werden. Editoren für Grafiken und *CAD*-Zeichnungen können bisher von keiner der *„großen"* Anwendungen geleistet werden. Beispiele, wie die Seite *tinyimage.de* zeigen jedoch, dass es technisch möglich ist, ohne Installation Bilder online zu erstellen. (Marx & Marx, 2010) Auf anderen Webseiten ist es möglich, auch *CAD*-Zeichnungen online zu präsentieren. (Online-Magazin Internet-fuer-Architekten.de, 2008) Mit Dokumentenmanagementsystemen können erstellte Dokumente hochgeladen und verwaltet werden. Der Editor (*Word, Excel*, etc.) muss aber auf dem Computer des Nutzers installiert sein. Heute geht es jedoch auch, dass die Dateien direkt im Browser mit Anwendungen von *Microsoft*, wie in Punkt 2.2.3.3 beschrieben, bearbeitet werden können.

Aus Sicherheitsgründen muss das System über eine *Nutzeridentifikation und Definition von Nutzerrechten* verfügen. Alle in dieser Arbeit vorgestellten Anwendungen, in denen Beiträge oder Dokumente erstellt und bearbeitet werden können, verfügen über diese Funktionalität.

Verschiedene Gründe sprechen für die Aufbewahrung von Änderungen an Beiträgen und Dokumenten. Zum einen ist ein Lernprozess innerhalb eines Beitrags nachvollziehbar, sodass bereits begangene Fehler nicht erneut vorkommen müssen. Weiterhin schützt die *Versionierung von Beiträgen und Dokumenten* davor, dass Beiträge und Dokumente ungewollt verändert oder gar gelöscht werden. Bei Beiträgen im *Wiki* (2.2.2.1) werden automatisch alle Änderungen aufbewahrt. So ist es jederzeit möglich zu sehen, wer wann etwas geändert hat, um es gegebenenfalls rückgängig zu machen. Dokumentenmanagementsysteme wie der *SharePoint* (2.2.3.2) unterstützen ebenfalls eine Versionierung, hier jedoch für ganze Dokumente.

Im vorherigen Abschnitt wurden für die allgemeinen Kriterien an Web 2.0-Werkzeuge entsprechende Lösungen gezeigt. Der folgende Abschnitt wendet sich nun den unter Punkt 3.1.2 phasenspezifisch aufgestellten Kriterien zu.

Innovative Ideen können in vielen verschiedenen Quellen ihren Ursprung haben. (2.1.2) Um aus all diesen Quellen Informationen ziehen zu können, muss die *Erfassung von Ideen aus externen und internen Quellen* von einem System unterstützt werden. Problematisch sind dabei die diversen Formatierungen von Informationen. Die Verwaltungsstruktur von unternehmensinternen Informationen kann gerade noch beeinflusst werden. Externe Informationsquellen liegen bezüglich ihrer Struktur jedoch außerhalb des unternehmerischen Einflussbereichs. Deswegen muss ein Werkzeug gewählt werden, welches schlecht- oder unstrukturierte Informationen analysieren und für die Verwendung bereitstellen kann.

Dazu bietet sich das unter *2.2.3.2* beschriebene *Ontos API* an. Dieses *API* kann sämtliche zur Verfügung stehenden elektronischen Informationsquellen analysieren. Viele Internetquellen, wie *Blogs, Foren* oder Online-Versandhäuser, enthalten Informationen zu Produkten und deren Verbesserungswürdigkeit. Diese Informationen können vom *API* beispielsweise mittels *RSS* abgerufen und überwacht werden.

Ein weiterer Vorteil des *APIs* liegt darin, dass die Informationen semantisch analysiert werden, was eine weitaus effizientere Recherche ermöglicht. (*Semantische Texterkennung*) Unternehmensintern werden häufig Fachtermini verwandt, deren Entsprechungen in externen Quellen anderes lautet. Das

User-Dictionary des *Ontos APIs* bietet dazu die Möglichkeit, für interne Termini oder Kodierungen eine Bedeutung zuzuordnen.

Semantisch analysierte Daten können außerdem dazu verwandt werden, Probleme bei Produkten zu erkennen, die dem Unternehmen noch nicht bekannt sind. Wenn sich Nutzer rege in Foren über ein bestimmtes Problem austauschen, wird vom API die Häufigkeit der Beiträge erfasst. Eine gezielte Analyse der Daten kann dann für die *Identifikation von indirekten Forschungsaufträgen* genutzt werden.

3.2.2.1 Ideenbewertung

In der Phase der Ideenbewertung werden vergleichbare Angaben als objektive Datenbasis benötigt. Zu diesem Zweck muss die kreative Freiheit zugunsten der Vergleichbarkeit eingeschnitten werden. Jede Idee wird auf ein oder mehreren Seiten beschrieben. Dazu bietet es sich an, das Format der Seiten im System zu strukturieren. (*Formalisierte Beiträge mit Pflichtangaben*) Schon beim Erstellen von Beiträgen, müssen bestimmte Informationen in Form von *Tags* gegeben werden.

Beim Einsatz des Systems in der Automobilbranche könnte die Angabe des *Fahrzeugtyps* verpflichtend sein. So kann der Feedbackgeber schon vor der Bewertung erkennen, welches Produkt mit der Idee verbessert werden soll. Eine weitere Angabe kann der Status der Idee sein. Befindet sich die Idee noch in der Anfangsphase, wird die Beschreibung noch relativ ungenau und unvollständig sein. Soll die Idee jedoch bewertet werden, ist von einer hinreichend guten Beschreibung auszugehen.

Nachdem die Ideen mit vergleichbaren Informationen versehen wurden, kann eine *Bewertung der Idee durch andere* erfolgen. Je nach Unternehmen, wird

diese Aufgabe vom Management oder im *Peer-Review-Verfahren*[15] durchgeführt. Die Dokumentation der Bewertung kann ähnlich dem in Punkt 2.2.2.3
beschriebenen Verfahren von *Amazon.com* mittels der Vergabe von *Tags* und
Kommentaren erfolgen. Eine oberflächliche Bewertung mit Punkten, wie es
bei *Amazon.com* mit der Vergabe von einem bis fünf Sternen möglich ist, gibt
eine grobe Tendenz des Feedbacks an. In einzelnen Kommentaren können
dann die konkreten Befürwortungen oder Kritikpunkte artikuliert werden.
Dabei ist es gleich, von welcher Quelle das Feedback gegeben wird. Sowohl
Befürworter (*Promotoren*) als auch Gegner (*Opponenten*) der Idee können
gleichermaßen kommentieren.

Wie schon in 2.1.3 beschrieben, sind die Ansichten beider Lager für den Innovationsprozess relevant. Die Promotoren fördern die Idee mit wohlgemeinten
Verbesserungsvorschlägen. Opponenten können jedoch einen weitaus größeren Nutzen stiften, wenn deren Kritik konstruktiver Natur ist. Gerade diese
Gruppe ist auch eher bereit, Kommentare, wenn auch negativ, zu äußern.

3.2.2.3 Ideenpriorisierung

In der Phase der Ideenpriorisierung wird das Feedback aus der vorherigen
Phase verarbeitet. Das System muss dazu das *Feedback mit dem Beitrag knüpfen*. So ist es dem Verfasser des Beitrags möglich zu erkennen, ob und wie
seine Idee bewertet wurde. Dies ist problemlos möglich, wenn das Feedback,
wie im vorherigen Punkt beschrieben, mit Hilfe von *Tagging* und Kommentaren abgegeben wurde.

Im System soll die *Weiterentwicklung erkennbar* sein. Bei Verwendung eines
Wikis als System zur Erfassung von Ideen, ist dies mit der Verlaufsansicht
möglich. Für jeden Beitrag werden dort Änderungen und Ergänzungen dokumentiert. Ein so dokumentiertes System hilft dabei, Lernprozesse aufzude-

---

15 Peer-Review: Überprüfung von Beiträgen von und durch andere mit gleichem hierarchischen Rang innerhalb einer Gruppe

Untersuchung

cken. Verworfene Lösungswege können eingesehen werden, um auch später noch nachzuvollziehen, warum ein Problem auf die eine und nicht auf die andere Art gelöst wurde.

3.2.2.4 Ideenauswahl

In dieser Prozessstufe fällt die Entscheidung, ob eine Idee in der Forschung & Entwicklung weiterverfolgt wird. Dazu wird der Entscheider, in der Regel das Management, konkrete Informationen für die Entscheidung fordern. Bei der Vielzahl an erfassten Informationen muss es funktionale Filtermöglichkeiten in dem System geben.

Bei Verwendung eines semantischen Systems, wie es unter 2.2.3.2 beschrieben wurde, werden die Informationen strukturiert erfasst. Diese Daten können intuitiv mit *Tag-Clouds* gefiltert werden. Darin werden alle Tags, in diesem Fall semantisch, entsprechend der Häufigkeit ihres Auftretens dargestellt. (Siehe Punkte 2.2.2.3 und 2.2.3.2)

Dabei wählt der Nutzer aus, ob ein bestimmter *Tag* zu einem gesuchten Beitrag zugeordnet sein darf (neutraler Filter), sein muss (einschließender Filter) oder nicht zugeordnet sein darf (ausschließender Filter). Der Wechsel zwischen den Filtermöglichkeiten erfolgt per Mausklick auf den *Tag*.

Die unterschiedlichen Schriftgrößen repräsentieren die Anzahl des Auftretens des *Tags*. Für den Entscheider ist es deswegen möglich, die potentielle Relevanz einer Idee abzuschätzen.

Die Filtermöglichkeiten unterstützen bei der Reduktion der Quantität an Informationen. Die Ideen reifen bis zu dieser Phase über einen längeren Zeitraum. Häufige Nachbesserungen und Ergänzungen werden die Beiträge im System relativ lang und unübersichtlich werden lassen. Für die Dokumentation und den Lernprozess sind diese Informationen wichtig. Der Entscheider hingegen benötigt nur das Endergebnis. Deswegen muss eine Konzentration *ein Informationen* vorgenommen werden. Ein *Wiki* bietet diese Möglichkeit. Die Beiträge präsentieren jederzeit den aktuellen Bearbeitungsstand, ohne die dazu notwendigen Herleitungen und Überlegungen darzustellen. Entgegen einem *Blog* oder *Forum* werden diskutierte und verworfene Lösungswege ausgeblendet.

Dank dieser Konzentration kann ein Dritter mit wenig Rechercheaufwand den letzten Bearbeitungsstand abrufen. Zudem können *Wiki*-Seiten per *RSS* überwacht werden. Änderungen an der Seite werden dann umgehend an den Abonnenten berichtet. Für das Management bedeutet dies eine große Zeitersparnis. Weil der Aufwand für die aktive Informationsbeschaffung mit dem System reduziert wird, kann es frühzeitig in den Innovationsprozess eingebunden werden.

3.3 Ergebnisverwertung

In Punkt 3.1 wurden Kriterien bestimmt, die von Web 2.0-Werkzeugen erfüllt werden müssen, um die frühen Phasen des Innovationsprozesses zu unterstützen. In Punkt 3.2 wurden dann aus den unter 2.2 vorgestellten Werkzeugen die ausgewählt, die diese Kriterien erfüllen.

In diesem Abschnitt werden diese Erkenntnisse aus den vorherigen Abschnitten aufgegriffen und fließen in einen Vorschlag zu Gestaltung eines Werkzeugs ein, welches alle Kriterien erfüllt. Dieses System wird dazu auf verschiedene Funktionalitäten der oben vorgestellten Web 2.0-Werkzeuge zurückgreifen. Dazu wird zuerst der Grundaufbau des Systems vorgestellt (3.3.1), um anschließend in 3.3.2 weitere Funktionalitäten entsprechend den Kriterien aus 3.1 zu ergänzen.

3.3.1 Beschreibung des Grundaufbaus

In Punkt 3.2 wurden Web 2.0-Werkzeuge zur Erfüllung der Kriterien aus 3.1 gesucht. Dabei wurden häufig zwei Werkzeuge für die Erfüllung aufgeführt:

Das *(Semantische) Wiki* (2.2.2.1 bzw. 2.2.3.1) und das *semantische Vorschlagssystem von Ontos* (2.2.3.2).

Diese beiden Werkzeuge stellen die Basis für das hier vorgestellte Innovationsmanagementsystem. Anstelle des konventionellen *Wiki* wird hier das *Semantic Wiki* genutzt, da es durch seine semantische Verarbeitung von Inhalten einen erheblichen Vorteil in der Anwendung aufweist. Zum einen sind Verlinkungen zwischen Beiträgen nicht ausschließlich von der vom Nutzer verwendeten Syntax abhängig. Zum anderen bietet die semantische Verarbeitung der Inhalte eine umfangreichere bzw. effizientere Recherchefunktionalität.

Durch den Einsatz des *Semantic Wiki* werden, wie in Punkt 3.2 beschrieben, folgende Kriterien erfüllt:

Allgemeine Anforderungen:

- Einfache und intuitive Bedienbarkeit
- ohne Installation von Zusatzsoftware
- Versendbarkeit/Extraktion und Redaktion von Nutzern bzw.
- Verschlagwortung von Beiträgen und Elementen in Verbindung von Beiträgen und Dokumenten

Phasenspezifische Anforderungen:

- Semantische Texterkennung
- die Weiterentwicklung ankurbeln
- Konzentration von Informationen

Das zu integrierende semantischen Vorschlagssystems ist ähnlich dem, das unter 2.2.3.2 beschrieben wurde. Im Gegensatz zum oben vorgestellten System auf Basis eines *Blogs*, ist dieses in das *Semantic Wiki* integriert und liefert Informationen, die mit dem erstellten Wiki-Beitrag semantisch in Verbindung stehen.

Die Daten für die semantischen Bezüge werden sowohl aus internen als auch aus externen Quellen bezogen. Als interne Quelle eignen sich, wie unter 3.2.1 beschrieben, die Informationssysteme der operativen Geschäftsbereiche.

Externe Quellen stehen nahezu unbegrenzt zu Verfügung. Um diese Daten für das System interpretierbar zu machen, kann das von *Ontos* entwickelte *API* verwendet werden. Die auszulesenden Quellen müssen dazu vorher branchenspezifisch im *API* definiert werden.

Bei der Verwendung des Systems in der Automobilindustrie, beispielsweise, könnten die Foren *autoextrem.de* oder *autoexperience.de* (siehe Punkt Forum) von der *Ontos* Anwendung überwacht und semantisch analysiert werden. Die Informationen über bekannte Probleme können im Vorschlagssystem für das *Semantic Wiki* bereitgestellt werden. Der Autor bekommt so schon beim Verfassen seines Beitrags semantisch passende Informationen aus anderen Quellen angezeigt. Über eine vordefinierte Analyse können außerdem die aktuellsten Problemfälle herausgefiltert werden. Im Beispiel aus der Automobilindustrie, könnten dies Informationen über einen Konstruktionsfehler an Stoßdämpfern sein. Sobald die Fehlerbeschreibung in einem der Foren auftritt, erfasst sie das *API*. Bei wiederholtem Vorkommen würde das Problem in der Rangfolge nach oben steigen und dem Betrachter der Analyse zeigen, dass ein wiederkehrend auftretendes Problem vorliegt. Diese Daten müssen jedoch nicht zwingend aus den Foren gelesen werden. Sie können auch aus den Computersystemen von angeschlossenen Kfz-Werkstätten oder der Garantieabteilung ausgelesen werden.

Wie in Punkt 3.2.2.4 gezeigt, können Daten mit diversen Analysewerkzeugen gefiltert werden. Insbesondere die dort beschriebene *Tag-Cloud*, mit neutralem, ein- und ausschließendem Filter, ist ein sehr intuitiv bedienbarer Steuerelement.

Die branchenspezifische Anpassung der Datenquellen gewährleistet, dass für das Unternehmen nur die relevanten Daten erfasst und ausgewertet werden. Zusätzlich bietet das *Ontos API* die Möglichkeit, eigene semantische Verknüpfungen in das System zu integrieren um den semantischen Analyseprozess zu unterstützen. Dazu können sowohl Verweise im *User Dictionary* als auch *Ontologien* berücksichtigt werden.

Bei einer konsequenten Verwendung des Systems kann auch einem Grundproblem der frühen Phasen im Innovationsmanagement entgegengewirkt werden: Der fehlenden Dokumentation von Vorschlägen und Ideen. Einmal im System erfasst, kann die Idee direkt dort weiterentwickelt werden. Durch die automatische Anreicherung mit Informationen rund um den eigenen Beitrag können komplexe Sachverhalte mit relativ wenig Aufwand im System erfasst werden.

Ein so gestaltetes System erfüllt, zu den bereits durch das *Semantic Wiki* abgedeckten, folgende weitere Kriterien:

- Verstärkung der Integration der innovativen Phasen in die operativen Tätigkeiten
- Erfassung von Anreizen aus externen und internen Quellen
- Identifikation von indirekten Forschungsaufträgen
- Filtermöglichkeiten

3.3.2 Zusätzliche Funktionen

Die Kombination eines *Semantic Wiki* mit dem *Semantischen Vorschlagssystem* deckt die Mehrzahl der gestellten Kriterien ab. In diesem Punkt werden weitere Funktionalitäten aus anderen Web 2.0-Werkzeugen beschrieben, die in das System eingebunden werden, um auch die verbleibenden Kriterien zu erfüllen.

Für die Bewertung von Ideen müssen vergleichbare Kriterien definiert werden, die alle entscheidungsrelevanten Informationen sicherstellen. Bei Ideen, die bis zur Verwertung am Markt noch intensiver Forschung und Entwicklung bedürfen, stellen Informationen wie der *geschätzte Entwicklungsaufwand* oder das zu *erwartende Einsparpotential* eine wichtige Entscheidungsgrundlagen für das Management dar.

Aus diesem Grund müssen die Beiträge mit *Tags* versehen werden können. Wie schon in 3.2.2.2 und 3.2.2.3 beschrieben, können durch den Einsatz von *Tagging* folgende Kriterien erfüllt werden.

- *Vorstrukturierte Beiträge mit Effektivnutzen*
- *Bewertung der Idee durch andere*
- *Feedback an den Beitrag knüpfen*

Auch hier bietet sich der anschließende Einsatz einer intuitiv bedienbaren *Tag-Cloud* als Filter und Steuerelement für die Daten an.

Die Verwendung eine Wiki-Systems bietet unter anderem den Vorteil der einfachen Textbearbeitung in einem Online-Editor. Dazu muss der Nutzer keine spezifischen Programme installieren oder deren Verwendung erlernen. Unter 3.2.1 wurden noch weitere Online-Editoren genannt, die sich zur Erstellung und Betrachtung von Grafiken und Zeichnungen eignen. Diese Editoren können bei Bedarf auch in dieses System integriert werden. So könnte das Kriterium *einfache und intuitive Bedienbarkeit* noch besser erfüllt werden.

Das *Hochladen von Dokumenten* in ein Wiki-System ist zwar technisch möglich, aber nicht zweckmäßig. Besser wäre eine Integration von einem Dokumentenmanagementsystem wie es unter 2.2.3.3 beschrieben wurde. Hier können Dokumente verwaltet und mit Metadaten versehen werden. Anschließend kann dieses System als Datenquelle des Semantischen Vorschlagssystems eingebunden werden. Neuere Suchalgorithmen erlauben es dabei sogar den Text innerhalb des Dokuments zu analysieren.

4 Fazit

In Punkt 3.3 wurden die Erkenntnisse der gesamten Arbeit für die Entwicklung einer neuen Anwendung zusammengefasst. Ein so gestaltetes Werkzeug erfüllt alle in dieser Arbeit gestellten Kriterien und zeigt, dass es möglich ist, den Innovationsprozess unter Einsatz von Web 2.0-Anwendungen zu unterstützen. In der Einleitung wurden zwei charakteristische Eigenschaften der frühen Phasen des Innovationsprozesses genannt. Zum einen zeichnen sich diese Phasen dadurch aus, dass die Dokumentation von Erkenntnissen relativ gering ist. Zum zweiten besteht häufig von Seiten des Managements relativ wenig Interesse für diesen Teil des Innovationsprozesses.

Der Einsatz eines webbasierten Systems zur Erfassung von Ideen wirkt jedoch genau diesen beiden nachteiligen Eigenschaften entgegen. Die Dokumentation von Ideen wird durch den Einsatz von Online-Editoren stark vereinfacht. Zum einen kann ein größerer Nutzerkreis mit dem webbasierten Werkzeug angesprochen werden. Zum anderen kann man im System direkt erkennen mit welchen anderen Beiträgen die eigene Idee in Zusammenhang steht. Daraus kann man ableiten, wie relevant die eigene Idee für das Unternehmen ist, und welche Bestrebungen bereits in dieser Richtung unternommen werden.

Weil die Informationen in dem System relativ gut dokumentiert werden, ist es für das Management leichter sich mit dem aktuellen Informationsstand zu beschäftigen. Zudem können die Informationen mit sinnvollen Filtermöglichkeiten konzentriert dargestellt werden.

Zu bedenken bleibt, dass in dieser Arbeit davon ausgegangen wurde, dass Web 2.0-Technologien sehr einfach bedienbar sind. Diese These ist jedoch in der Arbeit nicht untersucht worden. In vielen Unternehmen wurden eigene Wiki-System installiert, die jedoch kaum noch genutzt werden. Zum einen liegt dies wahrscheinlich an der mangelnden Zeit, die die Autoren von Beiträgen investieren müssen. Zum anderen ist das Erlernen der Wiki-Syntax zwar einfach, jedoch muss auch hierfür Zeit investiert werden.

Das System bietet eine semantische Analyse von Inhalten aus verschiedenen Datenquellen. Dies ist für die Redaktionsarbeit erwiesenermaßen vorteilhaft. Ob der Einsatz im Innovationsmanagement Vorteile bringt, muss erst noch untersucht werden. Die Theoretischen Überlegungen sprechen zwar für das Vorschlagsystem, jedoch muss dieser Erfolg nicht zwangsläufig eintreten. Wenn für die Informationsbeschaffung nur sehr wenige Quellen zur Verfügung stehen, können nur sehr wenige semantische Verknüpfungen mit den Wiki-Beiträgen hergestellt werden. Außerdem sind Analysen zur Relevanz eines Betrags im Kontext anderer Beiträge und Problembeschreibungen mit wenigen Quellendaten unmöglich.

Abschließend kann gesagt werden, dass der Einsatz von Web 2.0-Technologien im Innovationsmanagement wahrscheinlich sinnvoll ist. Viele Faktoren sprechen dafür, dass der Einsatz von *Wikis* als Informationsverwaltungssystem und ein *semantisches Vorschlags- und Analysesystem* Vorteile für die Arbeit im Innovationsmanagement bringt. Eine umfangreichere Dokumentation der Fortschritte im Innovationsprozess kann zumindest nicht nachteilig sein. Sind die Informationen erst in einem System erfasst, können diese bereits mit den heute verfügbaren semantischen Anwendungen effizient analysiert werden. So ist es dem Management zumindest möglich, sich schon frühzeitig mit den Innovationen von morgen zu beschäftigen.

Fazit

Glossar

Amazon.com 17, 23, 49

Anwendungsbeispiel

  Amazon.com 23

  Apple iPhone 22

  autoexperience.de 28

  autoextrem.de 28

  flickr.com 26

  iGoogle 22

  Media-Wiki 18

  Microsoft Office 36

  Microsoft SharePoint 36

  Ontos API 35

  Semantic MediaWiki 32

  Tagesschau.de 21

  twitter.com 26

  Wikipedia.com 17

  wolframalpha.com 31

  yahoo.com 28

autoexperience.de 28

autoextrem.de 28

Blog 25, 45, 46

Champion-Modell 13

E-Mail-Newsletter 21

Empathic Design 11, 41

flickr.com 26

Forum 27, 45, 46

iGoogle 22

Lead-User-Methode 11, 41

Methode

  Empathic Design 11

  Lead-User-Methode 11

Microsoft

  Office 11, 36

  Outlook 22, 37

  SharePoint 36

Mozilla Firefox 22

Ontologie 29

Ontos AG 34

  NLP-Verfahren 34

Ontos API 35, 47, 52, 53

Podcast 21

Promotoren-Modell 14, 49

Rollen

  Champion-Modell 13

  Promotoren-Modell 14

RSS 20, 47, 51

  RSS-Feeds 20

Semantic MediaWiki 32

Semantic Web 29

Semantic Wiki 45, 52

SharePoint 36, 44, 45, 46, 47

Tag-Cloud 37, 50

Tagesschau.de 21

Tagging 23, 45, 48, 49

  Tag-Cloud 25

tinyimage.de 46

twitter.com 26

Web 2.0

  Blog 25

  Forum 27

  Ontologie 29

  RSS 20

  Semantic Web 29

  Tagging 23

  Wiki 17

Wiki 17, 44, 45, 46, 49, 50, 52

  Media-Wiki 18

Wikipedia.com 16, 17

wolframalpha.com 31

yahoo.com 28

Literaturverzeichnis

Albers, S., & Gassmann, O. (2005). *Handbuch Technologie- und Innovationsmanagement*. Wiesbaden: Gabler.

Amazon.de. (2010). *Amazon.de*. Abgerufen am 13. Juni 2010 von Canon EOS 550D SLR-Digitalkamera (18 Megapixel, LiveView) Kit inkl. EF-S 18-55mm 1:3,5-5,6 IS Objektiv (bildstabilisiert): http://www.amazon.de/Canon-SLR-Digitalkamera-Megapixel-LiveView-18-55mm/dp/B0037KM2IS/ref=sr_1_1?ie=UTF8&s=ce-de&qid=1279034190&sr=8-1

Amazon.de. (13. Juni 2010). *Amazon.de*. Abgerufen am 13. Juni 2010 von Beliebteste Tags: http://www.amazon.de/gp/tagging/cloud/ref=tag_dpp_pt_icld

AtomEnabled. (19. Juli 2006). *Atom Enabled*. Abgerufen am 28. Juni 2010 von http://www.atomenabled.org/

Burr, W. (2004). *Innovationen in Organisationen*. Stuttgart: Kohlhammer.

Cantwell, J., & Molero, J. (2003). *Multinational Enterprises, Innovative Strategies an Systems of Innovation*. Cheltenham, UK: Edward Elgar Publishing Limited.

Creative Commons Attribution/Share Alike. (2. Juni 2010). *Wiki*. Abgerufen am 28. Juni 2010 von Wikipedia.org: http://de.wikipedia.org/wiki/Wiki

Ernst, H. (2005). Neuproduktentwicklungsmanagement. In S. Albers, & O. Gassmann, *Handbuch Technologie- und Innovationsmanagement* (S. 247-264). Wiesbaden: Gabler.

Gemünden, H. G., & Hölzle, K. (2005). Schlüsselpersonen der Innovation - Champions und Promotoren. In S. Albers, & O. Gassmann, *Handbuch Technologie- und Innovationsmanagement* (S. 457-473). Wiesbaden: Gabler.

Grossnickle, J., Board, T., Pickens, B., & Bellmont, M. (2005). *White Paper: RSS—Crossing into the Mainstream.* Yahoo! & Ipos Insight.

Gruber, T. (2009). *Encyclopedia of Database Systems.* (L. Liu, & T. Özsu, Hrsg.) Berlin: Springer.

Hauschildt, J., & Gemünden, H. G. (1999). *Promotoren - Champions der Innovation* (2 Ausg.). Wiesbaden: Gabler.

Henkel, J., & Sander, J. G. (2007). Indentifikation innovativer Nutzer in virtuellen Communities. In C. Herstatt, & B. Verworn, *Management der frühen Innovationsphasen* (S. 78-107). Wiesbaden: Gabler.

Herstatt, C., & Verworn, B. (2007). *Management der frühen Innovationsphasen.* Wiesbaden: Gabler.

Institut für Angewandte Informatik und Formale Beschreibungsverfahren (AIFB), Universität Karlsruhe (TH). (27. September 2009). *Semantic Web.* Abgerufen am 25. Juli 2010 von Main Page: http://semanticweb.org/wiki/Main_Page

Kappler, E., & Knoblauch, T. (1996). *Innovation - wie kommt das Neue in die Unternehmung?* (T. Knoblauch, Hrsg.) Gütersloh: Bertelsmann Stiftung.

Lührig, N. (2007). Innovative Organisationsstrukturen unter Berücksichtigung früher Innovationsphasen. In C. Herstatt, & B. Verworn, *Management der frühen Innovationsphasen* (S. 137-164). Wiesbaden: Gabler.

Lüthje, P. (2007). Methoden zur Sicherstellung von Kundenorientierung in den frühen Phasen des Innovatinsprozesses. In C. Herrstatt, & B. Verworn, *Management der frühen Innovationsphasen* (S. 40-59). Wiesbaden: Gabler.

Marx, T., & Marx, U. (2010). *tinyimage.de*. Abgerufen am 13. Juni 2010 von Male ein Bild & klick auf go!: http://www.tinyimage.de/index.html

Microsoft. (2009). *Microsoft SharePoint 2010 Evaluation Guide Betaversion*. USA: Microsoft.

Microsoft Corporation. (2007). *Microsoft.com*. Abgerufen am 22. Juni 2010 von Interaktives Referenzhandbuch: Befehle in Excel 2003 und Excel 2007 im Vergleich: http://office.microsoft.com/de-de/excel-help/interaktives-referenzhandbuch-befehle-in-excel-2003-und-excel-2007-im-vergleich-HA010149151.aspx

Microsoft Corporation. (2009). *Business Productivity at Its Best, Microsoft Office and Microsoft SharePoint*. USA: Microsoft.

Nütten, I., & Sauermann, P. (1988). *Die anonymen Kreativen: Instrumente einer innovationsorientierten Unternehmenskultur*. (Frankfurter Allgeimeine Zeitung, Hrsg.) Wiesbaden: Gabler.

Online-Magazin Internet-fuer-Architekten.de. (4. Februar 2008). *Online-Magazin, Internet für Architekten*. Abgerufen am 14. Juni 2010 von Kostenloste Web 2.0-Dienste zur Online Präsentation von CAD-Plänen nutzen: http://www.internet-fuer-architekten.de/index.php?article_id=17

Ontos AG. (2009). *Ontos*. Abgerufen am 22. Juli 2010 von http://www.ontos.com/o_eng/index.php?cs=2-1

Ontos AG. (2010). *news.Ontos.com*. Abgerufen am 20. Juli 2010 von
http://news.ontos.com/

RSS Advisory Board. (30. März 2009). *RSS 2.0 Specification (Version 2.0.11)*.
Abgerufen am 28. Juni 2010 von RSS Advisory Board:
http://www.rssboard.org/rss-specification

Schlicksupp, H. (1992). *Innovation, Kreativität und Ideenfindung* (4 Ausg.).
Würzburg: Vogel-Fachbuch.

Schrebel, H., Gelbmann, U., Hasler, A., Perl, E., Posch, A., Steiner, G., et al.
(2007). *Innovation- und Technologiemanagement* (2 Ausg.). (H. Strebel,
Hrsg.) Wien: Facultas.wuv Universitätsverlag.

Semantic MediaWiki. (25. März 2010). *Semantic MediaWiki*. Abgerufen am 25.
Juli 2010 von Semantic MediaWiki: http://semantic-
mediawiki.org/wiki/Semantic_MediaWiki

Steinmetz, O. (1993). *Die Strategie der Integrierten Produktentwicklung*.
Wiesbaden: Vieweg.

Verworn, B., & Herrstatt, C. (2007). Bedeutung und Charakeristika der frühen
Phasen des Innovationsprozesses. In C. Herrstatt, & B. Verworn,
Management der frühen Innovationsphasen (S. 4-19). Wiesbaden: Gabler.

Wolfram Alpha LCC. (2010). *Wolfram Alpha*. Abgerufen am 25. Juli 2010 von
http://www.wolframalpha.com/input/?i=What+is+the+Capital+of+Ger
many

WordPress.org. (2010). *Introduction to Blogging*. Abgerufen am 28. Juni 2010
von WordPress.org:
http://codex.wordpress.org/Introduction_to_Blogging

Anhang

Microsoft Business Intelligence

Microsoft hat in den letzten 5 Jahren die Zusammenarbeit zwischen den Office-Anwendungen und den dazugehörigen Server-Anwendungen erheblich ausgebaut. In dem Zeitraum wurden zwei neue Office-Versionen und zwei Server-Versionen veröffentlich. Mit jeder neuen Version ist die Integration der beiden Systeme ineinander gewachsen.

Die folgende Abbildung zeigt den sogenannten *Outlook Web Access (OWA)*. Der *OWA* ist die webbasierte Variante von *Office Outlook* und bietet annähernd den gleichen Umfang.

In der Version *2010* von *Office*, *SharePoint* und *Exchange* können Dokumente direkt aus den Office-Anwendungen ausgetauscht werden. Der SharePoint Server bietet außerdem Online-Varianten von *Word, Excel, PowerPoint* und den Geschäftsanwendungen *Visio* und *Project*. Diese sogenannten *WebApps* sind vergleichbar umfangreich wie der abgebildete *OWA*.

Abbildung 5 Eingangsnachricht Outlook Web Access (eigene Darstellung)

Als Beispiel wird das Erstellen einen Serienbriefs mit Word 2003 und Word 2007 verglichen.

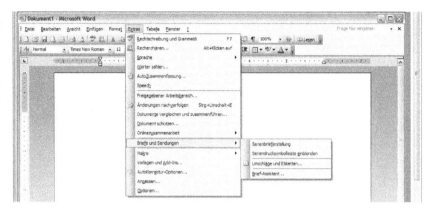

In Word 2003 waren drei Klicks nötig um einen Serienbrief zu erstellen. Klickfolge: *Extras / Briefe und Sendungen / Serienbrieferstellung*

In Word 2007 sind es nur noch maximal zwei Klicks. Klickfolge: *Sendung* (wenn nicht schon gewählt) / *Seriendruck starten*

(Microsoft Corporation, 2007)

Webparts auf XING

Abbildung: Webparts auf XING.de

Der blasse Bereich in der Mitte ist ein Webpart, welcher frei auf der Webseite von Xing.de angeordnet werden kann. Webparts sind vordefinierte Bestandteile von Webseiten, deren Inhalte vom Benutzer bestimmt werden können.

Tagcloud bei Amazon.de

Beliebteste Tags(was ist das?)

Willkommen bei der Wortwolke von Amazon.de. Bei den Wörtern (auch: Tags) handelt es sich um Schlagworte, die von Kunden zum klassifizieren eines Produkts vergeben werden können. Häufiger verwendete Tags sind **größer** dargestellt; kürzlich verwendete Tags werden **dunkler** angezeigt.

Zum Tags:

100 hz 1080p abenteuer action actionspiele apple bertn blu-ray bluetooth canon comedy deutsch deutschland digitalkamera drama dvd england erotik esoterik externe festplatte familie fantasy frauen full hd games geschichte hama handy hdmi hdtv headset historischer roman horror humor iphone ipod kinder kinderbuch komödie kopfhörer krimi kundenrezension led lebenshilfe liebe liebesroman logitech lustig magie mava metal mittelalter mp3 mp3-player musik nokia notebook ohne vertrag panasonic pc-spiele philips philosophie playstation 3 pinter pop ps3 psychologie ratgeber rock rollenspiel rollenspiele roman romane samsung satire science fiction sex sony spannung thriller touchscreen ursel aus der tonne usa usb vampir vampire vampirroman weihnachten wii wlan xbox 360 zubehör

(Amazon.de, 2010)

Wolframalpha.com „What is the Capital of Germany?"

Abbildung: Wolfram Alpha Semantische Suchmaschine (Wolfram Alpha LCC, 2010)